MONTEBELLO
MAGENTA
MARIGNAN

LETTRES D'ITALIE

(MAI ET JUIN 1859)

PAR

AMÉDÉE ACHARD

PARIS
LIBRAIRIE DE L. HACHETTE ET Cie
RUE PIERRE-SARRAZIN, N° 14
—
1859

Droit de traduction réservé

MONTEBELLO

MAGENTA

MARIGNAN

PARIS — IMPRIMERIE DE CH. LAHURE ET Cie
Rues de Fleurus, 9, et de l'Ouest, 21

MONTEBELLO,
MAGENTA,
MARIGNAN.

Marseille, mardi 10 mai.

Si à Paris la population émue et sympathique accompagne le long des boulevards les braves régiments qui partent pour l'Italie, que ce spectacle, où déjà se retrouve l'esprit guerrier de la nation, est loin de celui que présentent le chemin de fer que l'on suit et les stations que l'on côtoie jusqu'à Marseille!

Partout le peuple des villes et des campagnes attend le passage des convois ; partout des détachements isolés rejoignent leurs corps, sac au dos, le pantalon dans la guêtre. Dans cette gare, un bataillon entre tambour battant, musique en tête ;

dans cette autre, deux ou trois cents cavaliers cherchent les wagons qui doivent emporter leurs chevaux ; et de tous côtés combien de fourgons, de prolonges du train des équipages, de pièces d'artillerie, de caissons, de projectiles entassés ! C'est l'attirail menaçant de la guerre succédant tout à coup au mouvement régulier de la paix. On sent dans l'air la fièvre des batailles ! A Dijon j'ai rencontré une brigade entière d'infanterie que son général avait ordre de conduire en toute hâte au delà des Alpes ; à Mâcon, où commence la ligne de Genève qui s'embranche à Culoz avec les chemins de fer piémontais, des centaines de voitures emportaient ceux de nos soldats qui prennent la route du Mont-Cenis. Est-ce assez ? non ! le mouvement s'accroît avec la distance : à Lyon nous rencontrons deux batteries d'artillerie ; à Valence, un escadron des lanciers de la garde ; à Avignon, le directeur de la trésorerie du quartier général avec tout son personnel, à Arles le service des postes et de l'imprimerie impériales et tout ensemble deux cents hommes du train des équipages.

Mais c'est à Marseille que cette agitation, que l'ordre le plus strict administre et conduit, éclate dans tout ce qu'elle a de pittoresque et d'animé.

Les rues sont traversées au galop à toute minute par les voitures et les fourgons de la maison militaire de l'Empereur. Tous les uniformes se croisent et se mêlent sur les promenades ; les régiments qui partent sont remplacés par d'autres régiments ; tous les hôtels sont envahis par les officiers ; le passage des escadrons étonne ces quais accoutumés à être foulés par les barriques de sucre et les balles de coton. L'autre jour, le régiment des dragons de l'Impératrice est parti ; hier le régiment des guides, campé au Prado, s'est mis en route ; on a vu les chasseurs et l'artillerie de la garde ; on attend les cuirassiers. Et toutes les fois qu'un de ces régiments, l'orgueil et l'espérance du pays, passe joyeusement, à la vue de ces beaux jeunes gens qui vont joindre l'armée, calmes et fiers, les femmes du peuple se rassemblent et font la haie le long des rues ; elles les suivent du regard, attendries et tout animées d'un feu méridional qui s'exhale en mille exclamations ; quelques-unes s'essuient furtivement les yeux, et d'autres, en plus grand nombre, murmurent tout bas le mot marseillais si tendre et si expressif : *Pecaïré !*

Traduise qui voudra *Pecaïré !* cela veut dire tout ensemble : Hélas !... le pauvre enfant !... quel malheur ! Et cela avec un mélange de gentillesse, de sympathie et de piété qu'aucune autre expression ne peut rendre.

J'ai fait un tour dans la ville toute surprise de voir tant de casques et de sabres, de mousquetons et de pistolets. On rencontre sur la Cannebière des cent-gardes, que des enfants silencieux contemplent de loin, étonnés qu'il y ait dans la création des hommes aussi grands. On s'écarte sur le passage des lanciers, dont le czapska, l'habit blanc à revers bleu, les flammes et les longues lances sont un perpétuel sujet d'admiration pour les grisettes provençales qui sautent lestement sur les trottoirs et s'écrient : *Oh! boun Diou!* avec un sourire et un geste qui n'appartiennent qu'à elles.

Il faut dire que, depuis la conquête de Marseille par la cavalerie, les Marseillais en habit noir sont bien déchus dans l'estime des filles d'Ève ; que voulez-vous que fassent une redingote contre une cuirasse ! un pauvre chapeau contre un képi !

La mode est ici, parmi les belles dames et les beaux messieurs, d'aller en promenade à la Joliette ; c'est de là que partent les navires à vapeur qui portent de nouveaux compagnons d'armes à l'armée d'Italie, et que tous ces soldats sont impatients d'arriver ! On assiste à l'embarquement, on voit hisser les chevaux au bout des palans, on regarde les hommes entrer dans les chaloupes et les canots avec armes et bagages ; tous les mouchoirs s'agitent, toutes les mains applaudissent, tous les cœurs battent. On souhaite un bon voyage à ces enfants de la France, on leur promet de glorieuses victoires ; mille adieux s'échangent du rivage à la mer ; bientôt les roues s'agitent, un panache de vapeur s'échappe en sifflant, le bateau s'ébranle, remorquant d'autres navires dont le pont disparaît sous l'éclair des fusils, un tonnerre d'acclamations et de cris part du quai, on y répond du bord, et bientôt la rade est franchie ; la fortune de la France se confie à la mer.

Il n'est pas rare que du vin de Champagne égaye ces adieux ; les citoyens en offrent aux soldats qui l'acceptent sans façons, et ceux qui restent boivent à la santé de ceux qui s'en vont.

L'autre jour les zouaves de la garde s'embarquaient avec cet entrain et cette joyeuse humeur qui sont dans les habitudes du corps. Ils grimpaient à bord des bâtiments comme ils s'élancent à l'assaut. Et ceux qui les premiers avaient mis le pied sur le tillac criaient aux autres : « Eh ! messieurs les voyageurs, prenez vos billets pour l'Autriche ! »

Maintenant les simples curieux, les touristes en paletot partent pour Gênes comme ils peuvent. Il n'y a plus qu'un départ régulier par semaine, le jeudi. Tous les paquebots qui n'étaient pas tout à fait indispensables pour le service postal de l'Italie, de l'Orient et de l'Afrique ont été nolisés par l'administration de la guerre et mis à la disposition des troupes, et Dieu sait s'il en arrive ! frégates, avisos, corvettes, transports, tout est employé. Les hélices et les roues ne chôment pas. Au milieu de tout ce tumulte et de ce vif mouvement qui échauffe l'esprit, tout à coup passent des voitures pour les blessés et des ambulances ; alors le cœur se serre et l'on soupire.

Voilà, dans le port, à côté du *Blidah*, du *Sahel*, de l'*Industrie*, de *la Mitidja*, qui appartiennent au commerce, *le Mogador, le Vauban, le Gomer, le Christophe-Colomb, l'Ariége, la Saône, l'Ulloa*, qui appartiennent à l'État. Tout auprès cent navires à voiles, chargés de munitions et de vivres, et les voiles carguées, attendent que les remorqueurs attachent à leur proue le grelin qui doit les aider à fendre la mer. La vapeur seule a la confiance de l'administration aujourd'hui.

La route de terre n'est pas moins encombrée. Des régiments de cavalerie et d'artillerie ont pris cette voie avec des bagages et des fourgons sans nombre. C'est comme une longue caravane dont la tête touche à Gênes tandis que la queue sort de Toulon. Le bruit court qu'un service de diligence va bien de Marseille à Gênes en quarante-huit heures, au travers d'un nuage de poussière, mais il ne faut pas s'y fier. On sait bien à peu près quand on part, mais sait-on bien quand on arrive?

On attend l'Empereur demain mercredi, à midi. Sa Majesté doit rester à la préfecture, dit-on, jusqu'à sept heures, puis s'embarquer à bord de *la Reine-Hortense*, qui est amarrée à la Joliette. Tous les équipages, toutes les voitures, tous les chevaux sont déjà ici. Mais il peut très-bien arriver que le cortége impérial ne fasse que traverser la ville. Cent ouvriers dressent déjà sur le quai du vieux port, en face de la Cannebière, les mâts et les oriflammes qui ont déjà servi pour l'entrée solennelle du prince Napoléon et de la princesse Clotilde.

Marseille n'est plus Marseille : c'est une place de guerre ; mais une ombre se glisse dans ce tableau si brillant, si pittoresque. Le vieux port et le port nouveau sont remplis de navires de commerce désarmés : ils attendent des heures plus sereines.

Vous parlerai-je du temps? C'est un temps de Marseille, bleu, tranquille, superbe, avec une mer immobile comme un lac.

Voulez-vous un détail des mœurs guerrières inspirées par la fièvre du moment? Il y a derrière la Joliette des boutiques par douzaines, estaminets, guinguettes, cabarets, où les matelots prennent leur nourriture; l'armée de terre a pour un temps chassé l'armée de mer. Le propriétaire de l'un de ces établissements gastronomiques a eu l'idée d'orner son enseigne d'une peinture à la manière noire. Le tableau représente un chasseur de Vincennes fumant sa pipe, philosophiquement assis par terre ; devant lui deux grenadiers autrichiens, dans le costume illustré par cent lithographies, croisent leur baïonnette d'un air farouche. Au-dessous de cette œuvre d'art on lit ces mots, écrits sur deux lignes :

— *Eh bien ! il ne nous attaquera donc pas, ce petit Français ?*

— *J'attends que vous soyez six.*

L'immortel d'Artagnan n'aurait pas mieux parlé.

Ce restaurant belliqueux et gascon est le plus achalandé. Tous les soldats qui attendent l'heure de l'embarquement tiennent à honneur de s'y rafraîchir.

Grâce à l'obligeance amicale de M. le baron Bondurand, intendant de la division, dont le siége est à Marseille, je puis partir ce soir sur le *Général-Abbatucci*, magnifique bateau de la compagnie Valery, qui donne la remorque à des navires où les chevaux, les prolonges et les soldats du train des équipages militaires de la garde ont trouvé place.

J'arriverai demain dans la journée à Gênes, au moment où vont commencer les premières opérations, gages des premiers succès.

Gênes, 12 mai.

C'est aujourd'hui jeudi, à une heure et demie, que l'Empereur a fait son entrée solennelle dans l'orgueilleuse et vieille cité des doges. On dirait que la ville, avec sa rade immense que couronne un amphithéâtre de collines, a été tout exprès creusée par la main complaisante de la nature pour ces sortes de fêtes. Toutes ces hautes maisons qui semblent grimper au-dessus de leurs voisines pour voir plus au loin, tous ces palais superbes qui baignent leurs terrasses dans la lumière et cachent leurs pieds dans l'ombre des ruelles, n'avaient plus un habitant; toute la population s'était groupée dans le port comme au temps où la ville de marbre régnait sur la mer, assujettie par les galères du grand Doria.

Je peindrai mal ce spectacle de la rade dont l'immensité semblait effacée sous une flottille de bateaux ornés de banderoles ; les navires, séparés en deux masses régulières, laissaient libre une avenue profonde que le cortége impérial a parcourue depuis le môle jusqu'à l'arsenal de la marine militaire. Tous les vaisseaux étaient pavoisés ; les drapeaux flottaient dans les hunes et sur les mâts, les voiles blancs des Génoises sur le pont où se pressaient mille belles curieuses. Toute constellée de bouquets jetés à pleines mains, la rade entière était comme une prairie mouvante.

Malgré tout ce qu'on raconte des Italiens, il ne m'a pas paru que les Génois crient beaucoup ; ils font pleuvoir des fleurs : c'est leur manière d'applaudir. Si c'est moins bruyant, c'est plus poétique.

A toute minute des canots pavoisés quittaient le môle ou l'arsenal et gagnaient à grands coups de rames la haute mer où l'on avait signalé la *Reine-Hortense* escortée par trois frégates à vapeur.

Des bateaux par centaines, par milliers, allaient et venaient tout chargés de curieux et s'alignaient le long des cordes qui fermaient l'avenue impériale. Des pavillons sans nombre flottaient dans tous les mâts.

Victimes de la guerre, quelques navires autrichiens se montraient çà et là tristement avec des sentinelles à bord.

Enfin la *Reine-Hortense* parut à l'entrée de la rade

Les forts se couronnent de fumée, une immense acclamation retentit.

Les logements de l'Empereur sont préparés au palais Doria où le premier Consul s'est arrêté, et d'où l'infortuné Charles-Albert, trahi par la fortune, est parti pour cet exil où il est mort. Reçu à son entrée dans les eaux de Gênes par le prince de Savoie-Carignan et par M. le comte de Cavour, auxquels s'était joint le personnel de l'ambassade française, S. M., accompagnée de S. A. I. le prince Napoléon, a été saluée par la municipalité; le bruit courait qu'aussitôt après son arrivée elle devait présider un grand conseil de guerre, auquel assisteront les maréchaux français et les généraux piémontais.

Le roi Victor-Emmanuel n'a pas quitté son quartier général sur les hauteurs de San Salvador, entre Valenza et Casale. Il sait quelle responsabilité pèse sur lui en qualité de général en chef de l'armée de l'indépendance.

Ce soir la ville sera illuminée. Des proclamations enthousiastes du maire et du général d'artillerie qui commande à Gênes invitent les habitants à prêter leur concours aux autorités municipales. Déjà la via Nuova, la via Nuovissima, la via Carlo Felice, la via Balbi, ces grandes artères qui sont au milieu de la ville comme des boulevards ouverts dans un dédale de ruelles, ont vu se dresser des mâts chargés d'oriflammes aux couleurs unies de

France et de Sardaigne, et s'allonger des guirlandes de feuillages qui supportent des écussons dorés.

L'un de ces écussons, peints à la hâte, portait ces mots en lettres majuscules : *I et vince*.

C'est du style lapidaire.

Si la décoration de la ville ne pouvait pas échapper au caractère général et en quelque sorte traditionnel de ces manifestations officielles, ce qui a son originalité, c'est l'aspect de Gênes subitement transformée en ville de guerre. C'est encore la même physionomie que j'avais remarquée déjà à Marseille, mais plus accusée, plus expressive, plus radicale. Les groupes épais des négociants réunis devant le palais de la Bourse sont à toute heure, que dis-je? à toute minute, rompus et traversés par des bataillons que des bateaux à vapeur haletants jettent sur le quai. Des zouaves, des chasseurs de Vincennes, des grenadiers de la garde, des artilleurs, des dragons, des soldats du train vont et viennent par ces ruelles embrouillées comme un écheveau de soie remué par un jeune chat, avec une désinvolture et une assurance que rien n'étonne. Ils assurent que lorsqu'on a vu les sentiers de la Kabylie et les ravins de la Tchernaïa, on ne peut se perdre nulle part. Ils ont accroché en passant quelques mots de provençal à Marseille ou à Toulon, et ils croient parler italien. L'aplomb supplée à la science.

Dès que le tambour bat, toute la population oisive

accourt. Les femmes sourient, drapées dans le pezzeto, les enfants regardent de cet air étonné qui n'appartient qu'à leur âge, et les soldats, gais, malgré la chaleur, malgré leurs sacs de guerre, malgré la fatigue, agacent de l'œil et de la parole les belles filles auxquelles les plus galants envoient des baisers.

Des fourgons et des charrettes chargés de barils de poudre, sous lesquels gémit l'essieu, circulent lentement sous la garde de sentinelles assises le fusil entre les jambes. Plus de caisses de savon, de barriques d'huile, de balles de laine, mais des prolonges, des pièces de campagne, des sacs de campement.

Les tavernes creusées sous les obscures galeries qui longent le quai de la Douane, et qui jadis distribuaient des fritures et de la polenta aux marins de toute l'Italie sont envahies par des soldats qui se familiarisent avec les mets nationaux. Ils avalent des petits poissons par douzaines et apprennent entre deux plats de tomates les jeux chers aux matelots génois. J'ai vu un caporal qui jouait à la *mora*. Il perdait consciencieusement.

Mais on n'est pas fils et petits-fils d'un peuple de marchands pour ne pas spéculer un peu. Patriotes tant qu'il vous plaira, mais négociants d'abord. Bon sang ne peut mentir. C'est pourquoi nos amis les Génois ont honnêtement rançonné leurs pratiques d'un jour. Les mulets les plus rétifs ont tout à coup, et par un mouvement spontané d'enthousiasme, acquis le prix des meilleurs chevaux, et les ânes, ces ânes que j'avais vus si bruyants, mais si modestes, l'an dernier, la valeur des mulets. Que de fauteuils superbes on aurait pu acheter avec la valeur d'un vilain bât ! Quelques jolis petits millions ont passé des poches françaises dans les mains génoises ; d'autres prendront la même route. Honni soit qui mal y pense. Il faut bien que tout le monde vive.

Vous savez qu'il n'y a plus à Gênes même que les grenadiers de la garde, casernés à San Benigno, et des détachements isolés de différents corps. D'autres troupes sont campées aux portes de la ville ou dans les villages voisins. A mesure que des régiments nouveaux arrivent, on les dirige sur Novi, Alexandrie, Casale ou Turin. La cavalerie de la garde a pris par la Corniche, et l'on compte seize étapes de Marseille à Gênes. Les premiers escadrons arrivés à Savone ont été dirigés vers Acqui, ce qui les rapproche du théâtre des opérations, où déjà près de 120 000 hommes de troupes françaises sont concentrés.

Les dernières dépêches ont pu faire supposer un instant que les Autrichiens se retiraient vers leurs cantonnements ; ils laissent derrière eux, dit-on, un pays entièrement ravagé ; j'aurais quelque peine à croire ce qu'on raconte de leur manière de faire la guerre, si tous les renseignements que je reçois ne m'étaient garantis par les personnes les plus dignes de foi ; on dirait que les campagnes qu'ils ont parcourues ont été visitées par ces nuées de sauterelles dont parle la Bible : rien n'y reste. On assure que leurs bandes ont transporté les mœurs de la barbarie au cœur de la civilisation moderne. Ainsi, par exemple, un bourg de 1500 âmes est frappé d'une contribution de guerre de 25 000 rations de tabac à fournir dans deux heures. Les habitants n'en fument pas autant dans une année. Si les rations ne sont pas fournies, on prend tout ce qu'on trouve. Ailleurs les Autrichiens essayent de miner un pont ; l'artillerie piémontaise tire contre les travailleurs ; aussitôt on fait placer sur le pont des femmes et des enfants qu'on a ramassés dans les villages voisins, et force est aux Piémontais de suspendre leur feu pour ne pas massacrer ces malheureuses victimes.

Tous ces récits sont peut-être empreints de cette exagération qu'une longue haine et des luttes sanglantes suivies de malheurs expliquent si elles ne les justifient pas. Je les rapporte en historien exact. Le temps me donnera l'occasion d'en vérifier l'exactitude.

Jusqu'à aujourd'hui, pas une amorce française n'a encore été brûlée.

Mais le premier choc rappellera ce terrible élan qui a conduit nos soldats sur la tour Malakoff. On avait donné aux zouaves et aux turcos six paquets de cartouches au moment du départ. A l'arrivée, ces cartouches avaient disparu. Les officiers se fâchent et veulent qu'on les présente.

— Ne vous inquiétez pas, répondent les soldats; on les retrouvera.... Laissez-nous faire : on vous en rendra dix pour une à la première bataille.

Leur point d'honneur est d'aborder l'ennemi à la baïonnette.

« Nous voulons voir si les Autrichiens ressemblent aux Kabyles, disait un sergent têtu. »

Et comme un capitaine insistait, le plus vieux soldat de la compagnie, un Criméen à moutaches grisonnantes, s'écria avec cette familiarité que légitiment de longs périls bravement partagés :

« Êtes-vous singulier! capitaine, à vous entendre on croirait que les Autrichiens n'en ont pas.... On leur prendra ce qui nous manque.... un peu plus même à cause des intérêts. »

La promptitude avec laquelle une si grande masse de soldats, avec artillerie, projectiles, munitions, vivres et bagages a été réunie à Gênes tient du prodige. Mais aussi quel mouvement entre Gênes et la Provence! Des deux ports de Marseille et de Toulon part chaque jour une escadre de vaisseaux, de frégates, de corvettes, qui fatiguent la mer de leurs roues et de leurs hélices. Je vous ait dit que je m'étais embarqué sur le *Général-Abbatucci*, qui donnait la remorque à un brick. Le même soir, sont partis *l'Industrie* et *le Blidah*; *l'Amérique* et *la Ville-de-Lyon* avaient pris la mer le matin, remorquant aussi d'autres navires. Et pendant la traversée, combien n'avons-nous pas rencontré, croisé, dépassé d'autres bâtiments à vapeur qui suivaient la même route ou l'avaient faite pour la refaire encore! Ainsi vont et viennent les convois sur les chemins de fer. La mer est si douce, le vent si facile, qu'on dirait que les vieux dieux mythologiques, Éole et Neptune, sont du parti de la France.

C'est bien spirituel pour des dieux si âgés!

Tout le long de la côte, quand on passe près du rivage où s'éparpillent comme des nids au bord d'un toit tant de villes et de bourgades, les acclamations des habitants vous saluent, et des barques se détachent de la côte voisine pour vous porter le souhait de bienvenue.

Les flancs du navire rasent la côte à une distance telle qu'une pierre jetée par un enfant pourrait quelquefois la franchir. Du pont où se pressent les soldats on voit sur les terrasses italiennes et les balcons suspendus au-dessus du rivage des femmes qui agitent leurs mouchoirs. La population se rassemble sur le môle, les enfants courent le long de la côte suivant le navire qui fume. Des oranges et des bouquets tombent dans ses eaux. Des amis inconnus sortent des bois d'oliviers et battent des mains.

« *Vivent les pantalons rouges!* crient toutes ces foules. »

Les collines s'élèvent en amphithéâtre jusqu'au ciel et les villes succèdent aux villes comme les châteaux aux châteaux dans les campagnes de Paris.

Il y avait l'autre jour encore à Gênes un vaisseau de ligne anglais de 90 canons, à hélice, *l'Orion*. Ce vaisseau avait pris un ancrage singulier, et je dis *singulier* pour me servir d'un mot parlementaire. Il coupait la rade en travers, offrant ses deux batteries au palais, dont le marbre ne pourrait pas lutter contre le fer. On a dû négocier pour lui faire abandonner la place qu'il avait choisie. A toutes les observations qu'on lui faisait, le capitaine répondait d'un ton plein d'une politesse grave et toute britannique qu'on avait raison et qu'il aviserait. En conséquence il ne remuait pas. Les négociations durèrent trois jours. Le quatrième jour, on a vu disparaître dans la haute mer les trois mâts de *l'Orion* qui se dressaient devant le port comme trois points d'interrogation. La question était tranchée.

Une corvette à aubes, de vingt canons, *le Marabout*, a remplacé *l'Orion*. Elle est à l'ancre auprès du vieux môle, dans une situation moins.... ambitieuse.

Le jour où l'Empereur a fait son entrée solennelle annoncée par le canon du fort et de toutes les batteries, la corvette, immobile sur son ancre, avait une attitude étrange. On aurait dit tout d'abord un navire inhabité : personne sur le pont, personne dans les vergues, si ce n'est dans une yole un midshipman qui fumait.

Le *Marabout* n'était pas la chose la moins curieuse de ce spectacle si curieux.

Tout à coup le sifflet d'un officier se fait entendre; la mâture du navire se couvre de matelots, cent drapeaux flottent partout et les vingt canons partant l'un après l'autre saluent le cortége impérial.

Le sphinx anglais avait parlé.

Faut-il ajouter comme dernier détail, mais détail significatif, que les officiers anglais ne rencontrent pas un accueil bien sympathique dans la ville? Quand ils s'assoient dans un café auprès d'officiers piémontais ou français, ceux-ci se lèvent.

Il y a en ce moment en Piémont 35 000 volontaires arrivant de toutes les parties de l'Italie, et sur ce nombre 20 000 à peu près sont enrégimentés, armés, exercés. Le fameux Garibaldi en commande 4000.

Un ordre du gouvernement sarde a prescrit de retenir à Livourne tous les volontaires qui accourent de la basse Italie. Le général Ulloa est chargé de les instruire et de les incorporer dans l'armée toscane, qui sera portée à 30 000 hommes.

Les bulletins vous ont raconté qu'un espion avait été pris et passé par les armes. Chose triste à dire, il était Pisan.

Je viens de rencontrer M. Émile Augier dans la via Nuova. Il allait déjeuner à la Concordia, où tous les Français se donnent rendez-vous. La Concordia, pour le dire en passant, est à Gênes ce que le café Tortoni est à Paris; mais un café avec un jardin charmant, des terrasses, des orangers, des fleurs et de la musique. Tout cela vaut bien l'asphalte et le macadam. M. Émile Augier est arrivé hier avec les aides de camp du prince Napoléon, et doit suivre la campagne, mêlé à son état-major. On se demande s'il doit être, comme autrefois Racine ou Boileau, l'historiographe de cette guerre. Il demeure au palais Serra avec la maison de S. A. I.

Ah! qu'on est heureux d'être académicien dans ces sortes de circonstances! on n'a pas la peine de battre dix hôtels pour chercher une chambre qui se dérobe toujours!

Il a été décidé aujourd'hui que le corps d'armée du prince Napoléon aura son quartier général à Gênes, où l'on réunira constamment une force disponible de 40 000 hommes.

Vendredi, 13 mai.

Les illuminations et la promenade ont été un peu contrariées hier au soir par la pluie. Elle éteignait les lampions, détrempait le papier doré et mettait en déroute les curieux. Le théâtre Carlo Felice donnait une représentation extraordinaire à laquelle l'Empereur et le prince Napoléon ont assisté. C'est vous dire qu'il y avait foule dans la salle. Pour en avoir une idée, rappelez-vous les représentations de l'Opéra données en l'honneur du roi de Bavière ou du grand-duc Constantin. Le spectacle se composait d'un ballet, d'un opéra et d'un divertissement allégorique. L'opéra avait nom *Jones*. Il est en grande faveur à Gênes. Nos soldats s'imaginent que c'est ainsi qu'on écrit *jaune* en italien, et ne comprennent pas pourquoi cette couleur est tant à la mode en

Italie. Le théâtre était splendidement éclairé. A l'entrée de l'Empereur, accompagné du prince Napoléon, du prince de Carignan, du maréchal Vaillant, de M. le comte de Cavour et de M. le prince de La Tour d'Auvergne, notre ambassadeur, les dames qui garnissaient les six rangs de loges se sont levées en agitant leurs mouchoirs. On aurait dit des milliers de pigeons battant des ailes.

Pas une place qui ne fût occupée, pas un coin où l'on ne vît une tête. Des généraux, des colonels, des officiers en grand nombre mêlaient leurs épaulettes à l'orchestre.

Le gendarme français a fait hier son apparition dans les rues de Gênes, le gendarme à cheval, commis par la tradition au maintien de l'ordre les jours de fête officielle. Les Génois et les Génoises, qui encombraient les abords du théâtre, se reculaient effarés devant la croupe et le poitrail des chevaux qui piaffaient. Ils n'avaient jamais vu tant de crinières un soir d'illuminations.

Aujourd'hui il pleut encore; la mer est grise, le ciel est gris, la ville est grise. On ne voit plus que des parapluies. S'il n'y avait pas des paniers d'oranges dans les rues, on se croirait à Cambrai ou au Havre.

Le ciel boude depuis que les Autrichiens sont en campagne.

Au moment de fermer ma lettre, j'apprends que

l'Empereur quitte Gênes demain matin. Il se rend directement à l'armée sans passer par Turin. On assure qu'il va rejoindre le quartier général du roi Victor-Emmanuel pour diriger les opérations.

Gênes, le 14 mai.

Vous avez su par les dépêches télégraphiques que l'Empereur a quitté aujourd'hui la ville où l'enthousiasme italien l'a si chaudement accueilli. La division de grenadiers de la garde, commandée par le brave général Mellinet, l'un des héros de Malakoff, l'accompagne et va prendre ses cantonnements à Arquata, à Gavi et à Serravale. Elle n'y restera probablement pas longtemps. L'heure des événements s'approche à grands pas.

Hier vendredi, dans la matinée, le roi Victor-Emmanuel a rendu visite à l'Empereur en grand secret. L'entrevue a été courte, comme celle de deux généraux qui savent que l'heure de l'action a sonné. On ignorait encore que S. M. le roi de Sardaigne était arrivée, que déjà elle était repartie pour Alexandrie par un train express. Le maréchal

Vaillant et le comte de Cavour assistaient seuls, dit-on, à l'entrevue des deux souverains.

Le départ de l'Empereur et des grenadiers de la garde ayant été officiellement annoncé hier, le mouvement si tumultueux de Gênes s'est accru. Le spectacle des grandes voies de communication avait un caractère d'animation où la joie se mêlait à la fièvre. La foule, qui n'avait pas cessé depuis la veille de stationner devant ce magnifique palais Doria où le malheureux Charles-Albert a passé une dernière nuit avant de quitter son royaume, et où l'Empereur vient de s'arrêter un jour, était à toute minute labourée par des ordonnances, des aides de camp, des officier d'état-major, des escouades de soldats allant et venant, des fourgons alourdis par des bagages, et des voitures du train des équipages en tenue de campagne. Les muletiers des régiments, en blouse blanche, le fusil jeté en sautoir sur le dos, poussaient sur les larges dalles des chariots à bras ou tiraient par le licol des mulets chargés de cantines.

Des patrouilles de gardes nationaux piémontais en bizets ajoutaient au caractère de ce mouvement et rappelaient par un coin le Paris de 1848. A côté des grenadiers, ces mêmes bizets montaient la garde et semblaient heureux de présenter les armes aux officiers qui passaient ; le peuple coudoyait l'armée.

Quelquefois, au milieu de ce tumulte, un paisible

chariot, attelé de deux bœufs inoffensifs, apparaissait tout à coup. C'était comme un souvenir des campagnes chantées par Virgile parmi tous ces préparatifs de la guerre. Les bœufs fauves, pliés sous le joug, soufflaient en regardant les pantalons rouges et semblaient s'étonner que tant de soldats eussent envahi la ville du commerce.

Au coin de ces ruelles qui rampent, à demi cachées dans l'ombre, entre deux remparts de maisons pressées comme les arbres d'une forêt, on surprenait des adieux rapides succédant à des tendresses éphémères. Le bonnet à poil et le turban regagnaient en se dandinant la via Nuova ou la via Nuovissima, tandis qu'au loin fuyait le pezzotto, qui bientôt s'effaçait à l'angle d'un palais.

J'ai voulu suivre cette longue artère bordée de demeures historiques qui portent des écus de marbre à leur fronton. Partout des sentinelles étaient en faction, et dans les cours seigneuriales des chevaux tout sellés battaient les dalles du pied. Quel bruit autour de ces cariatides éternelles! que de baïonnettes entre ces colonnes qui ont vu les gloires de l'antique république!

Tout au bout de la via Balbi s'ouvre la place Acqua Verde, où les maquignons génois ont établi le quartier général de leur industrie. C'est là, à côté de l'*Albergo Nazionale*, en face du monument inachevé de Christoforo Colombo, sur un terrain tout rempli de fondrières, crevassé, raboteux, et qu'entoure un cercle tourmenté de démolitions interrompues et de constructions inachevées, que les ânes, les mulets et les chevaux amenés des faubourgs et de la banlieue s'entassent au soleil, cherchant des propriétaires nouveaux.

Il fallait partir, et les officiers, les payeurs, les intendants, les chirurgiens qui n'avaient pas fait leurs emplettes se hâtaient de choisir dans ce caravansérail de pattes et d'oreilles. Les truchements ne manquaient pas, et les coups de fouet pour stimuler l'ardeur des victimes non plus. On voulait forcer les ânes à courir et les mulets à trotter. Cette prétention réveillait leur loquacité naturelle, et chacun des quadrupèdes protestait dans sa langue. Les zouaves écartaient les curieux; les vendeurs juraient sur l'honneur que l'amour seul de la patrie les disposait à se défaire des compagnons de leurs travaux; les amateurs s'étonnaient que tant d'animaux si râpés, si tondus, si rétifs, si malingres pussent se trouver dans une seule province; l'un demandait 500 livres de ce qui valait 50 écus, l'autre en offrait 406 francs et un dernier soupir du maquignon concluait l'affaire. L'acheteur signait un bon, le brosseur taillait sur le cou de la bête un petit carré de poils, afin d'en prendre possession, et le Génois s'en allait chez le payeur du régiment toucher le prix de son patriotisme et de son mulet.

Mais un quart d'heure après, quand le soldat se mettait en mesure de conduire sa conquête au quartier, commençait une épopée que je renonce à décrire. Que faire d'un animal qui ne comprend que l'italien et auquel on parle français !

On a pu voir tous ces jours-ci les grenadiers, les zouaves, les tirailleurs se promener dans les jardins de l'Acqua Sola, tenant par la main des petits enfants qu'ils coiffaient du bonnet à poil ou du képi. Les bonnes souriaient comme si on les avait fait venir tout exprès des Tuileries. On fraternise si vite en temps de guerre !

A la tombée de la nuit, je suis allé en touriste sur les glacis de la porte del Pila pour visiter le campement du 3ᵉ zouaves, qui est arrivé de la province de Constantine depuis quatre ou cinq jours. Leurs tentes, dressées comme en campagne, étaient voisines de l'artillerie de la garde et du 4ᵉ de chasseurs, que des navires de l'État avaient ramenés le jour même d'Afrique.

C'était comme un petit coin du grand tableau de la guerre. La ville de toile avait cette régularité d'un jour, cet ordre animé, ce mouvement pittoresque et vif où l'on sent la discipline, la gaieté et un je ne sais quoi d'aventureux qui plaît. Les petites tentes étroites et trapues réservées aux sous-officiers, leurs voisines, vastes et pareilles à des marabouts, où s'abritent les capitaines et les commandants; d'autres encore, amples et coniques, où dorment cinq soldats, alignaient leurs longues rangées; des groupes de zouaves causaient à voix basse autour d'une chandelle, occupés encore de leurs campagnes d'Afrique; quelques-uns fumaient la pipe, à l'écart, silencieusement; deux ou trois lisaient des lettres, couchés par terre, dans des coins, et restaient rêveurs; ils pensaient au pays; leurs camarades chantaient des refrains de chansons; le refrain mourait, et le sommeil venait. Çà et là, sous la toile, une petite lampe éclairait la main d'un officier, qui écrivait à la hâte une dernière lettre. Peu de bruit, un grand ordre : chaque bataillon avait sa place. A mesure que l'ombre épaississait, on voyait des étincelles rouges s'allumer dans l'air, le long des tentes. Le cigare égayait la promenade, puis les étincelles disparaissaient une à une; les feux de bivouac s'éteignaient; les mulets des régiments échangeaient des coups de dents et s'efforçaient de briser leurs longes; tout auprès, les chevaux arabes des officiers creusaient la terre de leurs sabots, humaient l'air qui n'avait plus la senteur chaude du désert et secouaient leurs crinières le long des cordes tendues par terre. Plus loin, les chevaux solides et forts de l'artillerie étaient rangés près des fourgons et des pièces de campagne. Les sentinelles allaient et venaient sur le front de bandière d'un pas ferme et lent. Les fusils brillaient en faisceaux. Des hennissements éclataient par intervalle.

Le lendemain, aujourd'hui 14, à sept heures du matin, ce régiment, qui compte trois bataillons de guerre, 2700 hommes, non compris les officiers, a été passé en revue par le prince Napoléon. Il avait plu toute la nuit. La vue de ces vaillants soldats qui combattaient encore il y a deux mois dans les montagnes de l'Aurès réjouissait le cœur et l'enorgueillissait. Tout cuivrés par le soleil du désert, fiers, hâlés, ils attendaient avec impatience l'heure des nouveaux combats. Leurs visages, qu'on dirait taillés dans le bronze florentin, avaient cette ardeur mâle et cette confiance que donne l'habitude des longs dangers. Ils étaient en tenue de marche. A huit heures, ils partaient, clairons en tête et le tarbouch au front, pour leur première étape de guerre, 27 kilomètres, et le soir ils camperont dans la montagne, à Toreglia, bien près des Autrichiens!

Le 3ᵉ zouaves aura l'honneur de tirer les premières balles contre l'ennemi; malheur au régiment qui en affrontera les baïonnettes.

A moins de les avoir vus en campagne, on ne connaît pas ces régiments. Qu'ils ne ressemblent plus à ces bataillons arrangés pour les revues du champ de Mars! Quel aspect et quelle attitude! Les capotes sont usées par les marches, les pantalons éraillés et flétris; mais quelle élasticité dans le pas des hommes, quelle souplesse dans leurs mouvements !

A six heures, le camp sommeillait encore ; bientôt après les tentes étaient abattues, les sacs préparés, le fourniment prêt, les mulets bâtés et chargés. Les soldats avaient lestement avalé ce litre de café noir dans lequel on fait tremper le biscuit ou le pain de munition. Après ce déjeuner rapide un zouave peut marcher tout un jour sans dîner. A sept heures, le clairon sonna et le régiment courut aux armes.

Cependant le 1er régiment des grenadiers de la garde défilait en tenue de campagne, se dirigeant vers Arquata, en échangeant au passage une poignée de main, un mot, un salut. — Bonne chance ! disait l'un ; — Au revoir ! disait l'autre. Le tambour battait toujours et emportait dans son roulement ces adieux militaires et ces souhaits.

Encore quelques pas et le dernier bataillon des grenadiers disparaît derrière une ondulation du terrain.

Les clairons sonnent, les zouaves rompent les faisceaux, les rangs se forment, les officiers sont à cheval, et le prince Napoléon arrive suivi de son état-major. Le colonel de Chabron a fait masser son régiment par bataillons et le défilé commence.

On ne pouvait se défendre d'une émotion profonde à la vue de cette colonne qui s'ébranlait au bruit du clairon. Tous ces braves gens allaient à la bataille, calmes, silencieux, prêts à tout. Demain ils seront à Attone, après-demain à Bobbio, sur la Trebbia, où un corps d'Autrichiens s'est montré. Le 3ᵉ zouaves, qui a tiré les premiers coups de fusil à l'Alma en tournant la gauche des Russes, court au feu le premier, et cette fois encore il tourne la gauche de l'ennemi.

J'ai serré la main du commandant Bocher, et j'ai regardé le régiment marcher le long des glacis et s'enfoncer dans la montagne. Ici tous les officiers ont fait leurs preuves; le colonel est un homme de guerre résolu; avec de tels hommes, le résultat du choc n'est pas douteux.

Un détail en passant qui vous fera mieux apprécier cette incomparable armée d'Afrique que l'Autriche ne connaît pas. Voilà six mois que le 3ᵉ zouaves tient la campagne; depuis le 14 octobre, les hommes n'ont pas couché quinze nuits dans la caserne; ils étaient encore à Tuggurt il y a trois ou quatre semaines; on les a embarqués, débarqués et fait camper à la pluie, et le régiment ne compte pas dix malades.

— *Sono di feri!* disait un Génois qui les voyait avec effroi charger leurs sacs et d'une main aguerrie jeter par-dessus leurs fusils à tige.

Un mot encore pour vous donner une idée de la vigueur et de la résolution de ces braves soldats qui sont pliés à toutes les fatigues. Le sac d'un zouave en marche pèse ordinairement quatre-vingts livres. Quelquefois même ce poids est augmenté par un supplément de vivres.

Et ne croyez pas que les zouaves seuls soient rompus à toutes ces nécessités de la guerre. Les soldats de la ligne ne font pas autrement. Quelques-uns des derniers bataillons qui ont traversé les Alpes, ont franchi le Mont-Cenis, de Saint-Jean de Maurienne à Luze, en une seule étape. Ils ont marché pendant quatorze heures, et les soldats portaient de cent vingt à cent cinquante cartouches.

N'en fallait-il pas pour leurs frères d'armes qui étaient entrés à Turin avec quelques cartouches seulement ?

Eh bien! pas un soldat n'a manqué à l'appel, pas un n'est resté en arrière.

Quand l'un d'eux, accablé par la fatigue, la chaleur, le poids de son fourniment, faisait mine de s'arrêter, un regard moqueur, le rire d'un camarade, ce mot dit avec un accent d'ironie : *Clampin!* lui rendaient de nouvelles forces. Il secouait le sac par ce mouvement d'épaules familier aux fantassins et poursuivait son chemin.

Le corps d'armée du prince Napoléon est exclusivement formé, sauf la brigade de cavalerie, de régiments d'Afrique. Les divisions Uhrich et d'Autemarre, qui le composent, avec six batteries d'artillerie et deux compagnies du génie, ne sont pas encore au complet. Cinq régiments sur huit sont arrivés; on attend les dragons et les lanciers. Demain le prince part pour asseoir son quartier général à San Martino, à deux lieues de Gênes.

J'allais fermer ma lettre, lorsque j'apprends que l'Empereur part à deux heures seulement pour Arquata, d'où il se rendra à Alexandrie. L'artillerie de la garde quitte Gênes à l'instant.

Gênes, le 15 mai.

Hier samedi, à deux heures, l'Empereur a quitté Gênes avec toute sa maison militaire. Sa Majesté a été conduite à la gare du chemin de fer par les voitures de la cour. L'Empereur se rend, vous le savez, à Alexandrie. Le quartier général du roi Victor-Emmanuel n'est qu'à quelques lieues de cette place.

Depuis le palais Doria jusqu'au chemin de fer, une foule immense s'était rassemblée. Cette même ovation qui avait accueilli Sa Majesté le jour du débarquement l'a saluée le jour de son départ. L'Empereur à côté du roi, c'est, pour l'armée Sarde, la France à côté du Piémont.

Un grand mouvement de troupes s'est fait remarquer pendant toute la journée. Le tambour battait, le clairon sonnait, les trompettes éclataient de la porte del Pila à la porte San Pier d'Arena. Des cris d'enthousiasme accompagnent la marche des régiments.

J'ai vu partir tout à l'heure une batterie de l'artillerie de montagne piémontaise. Les artilleurs marchent à pied à côté des pièces assises sur deux roues et traînées par deux mulets attelés en flèche. La tournure militaire de ces hommes et de leur équipement ne laisse rien à désirer.

L'artillerie de la garde, avec ses canons rayés, avait pris le chemin d'Arquata dès le matin. Il ne reste plus en ville que la division d'Autemarre; mais la division Uhrich est attendue, et des navires arrivant de France et d'Algérie apportent sans cesse de nouveaux bataillons. Jamais plus formidable armée ni mieux aguerrie n'est entrée en campagne.

Les débuts de cette guerre n'ont pas témoigné en faveur des Autrichiens. Leurs seuls succès se comptent par des rapines. Les témoins oculaires des premières opérations assurent, et tous les renseignements confirment ce fait, que les soldats n'ont pas montré plus d'élan que les généraux de décision. Au mouvement agressif a succédé la retraite. On a vu, dit-on, une compagnie de hussards hongrois passer tout entière du côté des Piémontais.

Le télégraphe vous aura porté la proclamation de l'Empereur à l'armée d'Italie : elle a été lue aux chambrées, et les soldats, tout fiers des souvenirs qu'elle rappelle, comptent sur la victoire. Cette proclamation, traduite en italien et affichée partout, a produit un grand effet sur les populations génoises et piémontaises. Voilà l'épée hors du fourreau.

Vous aurez remarqué ce passage où il est question de *l'arme terrible de l'infanterie française ;* la baïonnette jouera un rôle décisif dans cette guerre. Le progrès dans la précision du tir et l'effet meurtrier des armes à feu ont rendu sa vieille supériorité à l'arme blanche. On s'abordera franchement.

Après-demain sans doute on aura des nouvelles de la petite colonne du colonel de Chabron. Le drapeau français aura paru sur le champ de bataille ; on ne pouvait le confier à des mains plus énergiques. Chefs et soldats ont la même ardeur.

Ma prochaine lettre sera datée d'Alexandrie, où je me rends dans une heure.

P. S. Une nouvelle qui vous fera plaisir et qui m'est garantie même par les Génois, c'est que l'ancien parti, le parti révolutionnaire qui reconnaît Mazzini pour son chef, a perdu tout crédit, toute autorité, tout prestige. Le parti libéral, le parti de l'union seul triomphe. C'est une plaie, la plus dangereuse de toutes, fermée ; car la révolution, on peut le dire, a fait plus de mal encore à l'Italie que l'Autriche. Il y a des guerres qui retrempent. Puisse celle qui commence rendre libre la vieille terre des municipes !

Alexandrie, le 15 mai.

Hier samedi, à quatre heures, l'empereur Napoléon a fait son entrée à Alexandrie, ce boulevard du Piémont. Toute la population attendait S. M. au-devant de laquelle le roi Victor-Emmanuel s'était porté. Les troupes françaises et les troupes sardes étaient sous les armes. Des banderoles et des drapeaux, mêlés aux écussons unis de France et de Sardaigne, flottaient à la station du chemin de fer et dans la rue della Fiera que suivait le cortége. Le tambour battait aux champs et le canon grondait, annonçant aux campagnes, peut-être aux Autrichiens, que les deux souverains étaient réunis. Mais cette réception solennelle tirait son plus bel éclat de l'enthousiasme qui faisait retentir Alexandrie de cris et de vivats. On comprenait que l'heure de l'inquiétude était passée et que la province ravagée par un ennemi sans pitié allait être délivrée.

Entre les deux armées c'est la même union qu'entre les deux souverains. Elles rivaliseront seulement de courage et de dévouement.

Le roi Victor-Emmanuel a quitté Alexandrie dans la soirée pour regagner son quartier général. Celui de l'Empereur reste fixé à Alexandrie jusqu'à ce que le sort propice des batailles le porte plus loin. La ville regorge de troupes de toutes armes : infanterie, cavalerie, artillerie, génie, françaises et piémontaises. Les mouvements sont continuels ; ils ne cessent pas pendant la nuit ; mais tout se fait sans bruit, avec calme et rapidité. Le roulement des canons sur le pavé, le pas cadencé des marches est la seule musique qu'on entende. Elle a bien son harmonie et son éloquence quand on pense que les bandes ennemies sont à quelques lieues.

Ces jours-ci, hier et avant-hier, les 1er et 2e régiments de chasseurs d'Afrique sont débarqués à Gênes ; on attend le 3e aujourd'hui. Un régiment de hussards est aussi arrivé d'Algérie. C'est un torrent de sabres et de baïonnettes qui traverse les Alpes et la Méditerranée.

A demain les détails.

Alexandrie, le 16 mai.

Je suis depuis vingt-quatre heures dans une ville à laquelle la guerre a donné un aspect sinistre. Tout à l'entour, aussi loin que la vue peut aller, on n'aperçoit que des arbres coupés à un ou deux pieds du sol et dont les tronçons et les branches, épars çà et là, hérissent le terrain. L'amandier n'a pas été respecté plus que le chêne, l'olivier plus que l'ormeau. Bois et vergers, tout a été abattu par la hache piémontaise pour la défense des abords de la ville; des villas et des maisons qui pouvaient, en cas d'attaque, gêner le feu de la place ont été rasées, leurs décombres jonchent les jardins. Cette grande ferme d'un aspect si riche est minée aux quatre angles; que les Autrichiens se montrent et elle sautera en l'air. Partout des gabions et des fascines garnissent la crête des remparts au-dessus desquels les pièces de siége allongent leurs tubes de bronze. Des soldats en blouse de toile, et guidés par des officiers du génie, travaillent à ces ouvrages en terre dont le général Totleben a tiré un si merveilleux parti à Sébastopol; on creuse ici de larges fossés, là on élève des épaulements; des lunettes et des courtines se dressent pour rendre plus formidable l'armement de cette ville déjà si forte.

Au moment où je suis arrivé, un régiment d'infanterie de ligne piémontais, partait par le chemin de fer dans la direction de Casale. Un autre, le 6e, attendait l'arme au pied dans la gare, en grande tenue de campagne, sac au dos. Un bataillon de bersaglieri le rejoignait silencieusement, le manteau sur l'épaule, panache au vent, les officiers à cheval. Des caissons d'artillerie et des fourgons de bagages, amenés par un convoi, étaient mis à terre en grande hâte. La voûte énorme de la gare, haute et vitrée, était rempli de longs murmures sourds et continus. Si l'on sortait, on rencontrait d'interminables files de prolonges chargées de fourrages et de projectiles; puis des corvées d'ouvriers militaires qui achevaient un chemin couvert ou empilaient des boulets dont les pyramides noires s'élevaient de distance en distance. Les silhouettes mouvantes des sentinelles se dessinaient sur le ciel gris. Des grenadiers veillaient à l'entrée des casemates; parfois un officier d'ordonnance passait au galop. Entre les fortifications et la ville paissait un troupeau de bœufs.

Une multitude compacte de curieux se pressait aux abords de la gare ; une autre multitude en remplissait l'intérieur. Que de pères, que de parents, que d'amis dans ces foules! Combien qui s'essuyaient les yeux à l'écart ! Une pauvre vieille femme accompagnait un bersaglieri qui la soutenait par le bras. Le soldat n'avait pas encore de moustache. A chaque pas la mère s'arrêtait, le regardait et pleurait. Le fils la consolait de son mieux. Tout à coup le clairon sonne, le bataillon se range en file auprès des wagons. La vieille femme entoure l'enfant de ses bras avec un frémissement qui la fait trembler tout entière ; il s'en arrache, et la pauvre vieille tombe dans un coin en sanglotant. J'ai détourné la tête.

Un moment après, le bataillon de bersaglieri, emporté par deux locomotives, allait au-devant des Autrichiens.

Le tour d'une compagnie d'artillerie vint après. Les chapeaux s'agitaient en l'air, les vivats ébranlaient la voûte sonore. A l'écart un père serrait la main de son fils ; les deux hommes se regardaient sans parler ; au signal du départ, leurs mains se sont séparées : l'un s'est éloigné silencieux et pâle ; l'autre le suivait de l'œil, immobile ; son menton tremblait.

Il y avait des pelotons entiers dont les soldats ne

paraissaient pas toucher à la vingtième année. Le Piémont a donné son printemps.

Quelques convois étaient traînés et poussés par trois locomotives. On ne voyait pas l'extrémité de ce long serpent qui ondule et fuit en sifflant. Quand deux convois se croisent sur la ligne, un tonnerre de cris éclate : Piémontais et Francais se saluent.

Vous connaissez l'uniforme, j'allais dire le costume des bersaglieri. Leur chapeau empanaché se montre le premier où est le péril. Ils sont armés de carabines à tiges, comme nos chasseurs de Vincennes, et jouissent ici de la réputation qu'ont nos zouaves en France. Leur sac d'équipement est noir; le bidon qu'ils portent en bandoulière est en bois et en forme de petit baril. Un homme par peleton a une lanterne au bout du fusil. Ils ont le pied leste et vif des montagnards. Leur espoir est de se rencontrer dans une charge à la baïonnette à côté de nos zouaves et de nos chasseurs. Qui résistera à cet élan qu'excitera l'émulation ?

L'artillerie, qu'on reconnaît aux canons croisés sur le shako et aux buffleteries jaunes, est formée de beaux hommes, d'un aspect tout à fait militaire. La ligne a la capote grise ample et longue, et le pantalon de la même nuance. Les soldats piémontais ne mettent pas leurs pantalons dans les guêtres comme les nôtres ; ils les retroussent seulement.

La route de Gênes à Alexandrie m'a permis de

voir ce que c'est qu'une armée en campagne. A peine avions-nous dépassé le bourg de San Pier d'Arena que nous avons rencontré, suivant le chemin tortueux de la montagne, deux batteries d'artillerie de la garde. Six chevaux étaient attelés aux fourgons, quatre aux pièces de campagne. Les cavaliers disparaissaient sous le grand manteau bleu. On ne voyait que leur colback et le bout du sabre heurtant la botte.

Plus loin, c'est un régiment des grenadiers de la garde qui marche sur trois files, d'un pas libre, la longue capote relevée sur la hanche. Un vaste caoutchouc enveloppe les officiers. Les replis de la montagne cachent l'avant-garde.

Plus loin encore une colonne de mulets s'aperçoit tout à coup, conduite par des soldats; la blouse et le pantalon de toile ont remplacé la capote militaire et le pantalon garance; on reconnaît nos fantassins au képi et au fusil retenu par la bretelle sur l'épaule. Les mulets d'Afrique marchent sagement, chacun à son rang; ils obéissent à la voix. Neuf sur dix s'appellent Joseph. Pourquoi ? On n'en sait rien; c'est une tradition. Les mulets de Gênes résistent, ruent, mordent et font rage; quelquefois ils jettent leur charge à bas. On ignore chez nous ce qu'il faut de patience, d'activité, de soins, de vigilance pour conduire ces caravanes.

Quelques-unes de ces bêtes de somme portent des

cacolets. On ne peut s'empêcher de les suivre de l'œil en pensant aux souffrances qu'elles doivent secourir. Le siége où le blessé s'assoiera est relevé contre le bât. Des chevaux de main et des charrettes de cantiniers se mêlent au convoi, traînées par de maigres bidets qui font dix lieues sans bouder. Que les successeurs de Callot, s'il y en a, trouveraient à peindre dans ces marches !

Des poules liées par les pattes se balancent sur la croupe du mulet, des canards se débattent, accrochés à la selle, des casseroles tintent à chaque pas, des choux d'un vert tendre s'accouplent à des paquets de carottes, des salades prennent l'air ou la pluie au bout des fusils. Un petit chien, l'ami du bataillon, secoue ses oreilles sur un oreiller de sacs; d'autres, braques ou épagneuls, suivent la colonne, librement ou tenus en laisse. Là un singe gambade et grimace sur la tente d'une charrette; il vient peut-être de Constantine. Un mouton bêle tout à côté.

La locomotive nous emporte encore. Voilà un régiment de chasseurs à cheval qui fait halte sur la route. La Scrivia passe en écumant dans le ravin. Les hommes sont enveloppés du manteau blanc à large collet et portent le mousqueton en sautoir. Les chevaux arabes secouent leurs crinières et leurs longues queues trempées de pluie. Ils tendent le cou et pointent les oreilles, comme s'ils s'étonnaient de ne pas reconnaître le paysage.

Voici maintenant un escadron du train des équipages de la garde, et plus loin une batterie d'artillerie de ligne. Un régiment campe dans ce village : des buffleteries pendent aux fenêtres ; un soldat fend du bois devant la porte, un autre brosse son pantalon ; des officiers fument sous un porche ; un caporal fait danser un bambin sur ses genoux ; des hommes mènent les chevaux à l'abreuvoir ; une chanson française égaye la ruelle ; un feu de bivouac fait bouillir la marmite au pied d'un vieux mur. Ici un sergent partage son pain avec un mendiant ; là une escouade se cotise et achète une corbeille d'oranges. Un moine passe égrenant son chapelet : on rit un peu ; mais un loustic se lève et fait le salut militaire ; le moine lui donne sa bénédiction ; on ne rit plus et on s'incline : la mort est peut-être si près !

Continuons le chemin. Le long tunnel Dei Jovi est franchi. Un bataillon de voltigeurs de la garde arrive à la fin de l'étape. On ôte les sacs, on s'étire, on prépare des feux, on met les armes en faisceaux ; quelques soldats cherchent un hangar pour s'étendre et se reposer ; d'autres brisent un morceau de pain qu'ils mangent sur le pouce avec du saucisson ; la vivandière ouvre ses cantines ; les chevaux du commandant et des capitaines s'ébrouent. Tous les hommes se dispersent ; on allume la pipe, dont la fumée délasse, et on cherche des légumes frais pour la soupe. On cause avec le bidon.

Dans ce hameau le tambour bat. C'est l'heure de l'étape nouvelle; on charge les sacs et on prend les armes; le bataillon est prêt en dix minutes; on fait l'appel, et en avant, marche!

On voit par les sentiers des hommes isolés qui pressent le pas; un général et ses aides de camp traversent un pont; deux vedettes le précèdent le mousqueton sur la cuisse.

Tournons cette gorge dans laquelle le rail s'enfonce. Sur le flanc de la montagne, un peloton de gendarmes à cheval grimpe la côte lentement; leurs forts chevaux vont d'un pas sûr et grave. La haute stature des cavaliers se profile sur le vert pâle des oliviers, ils ont cette attitude tranquille et cette assurance qui font reconnaître les corps d'élite. C'est la discipline et le devoir qui passent. On entend tinter le fourreau du sabre contre l'étrier.

C'était ainsi partout, à Isola, à Ronco, à Arquata, à Seravalle; plus loin, à Novi, comme à Ponte Decimo.

Une division a son quartier général dans cette même ville près de laquelle mourut Joubert, et d'où Moreau, par une savante retraite, sauva ce qui restait de la funeste journée du 15 août 1799. Que de sang dans toutes ces campagnes!

A l'une des stations qui précèdent Alexandrie,

sous la gare, un mot un peu vif, prononcé avec cet accent qui fait toujours rire les Parisiens, me fit tourner la tête. Je demandai au chasseur de Vincennes s'il était de Marseille.

— *Siou deis Accoules*, me dit-il.

Un coup de clairon sonna. Le Marseillais me tendit la main.

— Au revoir, pays! reprit-il.

Et il s'éloigna gaiement.

Je ne sais quelle sotte émotion me prit à la gorge. Au revoir! Qui sait ?

Voilà trente-six heures qu'il pleut sans discontinuer. Alexandrie est comme un lac de boue. Les drapeaux et les banderoles déteignent et pendent lourdement dans les rues; la place del Palazzo Reale est un marais. C'est au Palais-Royal même que l'Empereur a son quartier général. Hier, S. M. a reçu le maréchal Canrobert et le général Niel. Le soir, on donnait une représentation solennelle au théâtre municipal. Un acteur a déclamé une cantate. Aujourd'hui les vers, demain les balles. Ce qui ne lasse pas mon étonnement, c'est la bonne humeur et la désinvolture des soldats. Ceux-là quittent Paris, ceux-ci la charrue, et les voilà pliés à la guerre avec cette souplesse et cette gaieté qui sont l'une des forces du caractère français.

Je ne m'étais pas promené un quart d'heure dans la ville, que j'avais déjà compté six numéros de régiments. Tous les villages, tous les bourgs, tous les hameaux des environs sont remplis de troupes comme les casernes. Ce matin une batterie d'artillerie est entrée : elle était tout entière attelée de chevaux blancs.

Pas une maison qui n'ait deux ou trois officiers, pas une chambre qui n'ait son locataire. Les plus méchantes auberges de la ville sont envahies. On se dispute les petits coins.

Un pauvre paletot civil a fort affaire pour trouver un réduit où il ait la liberté de se sécher un peu, et quel réduit!

S'il m'était permis de raconter les tribulations d'un simple voyageur au début de cette Iliade qui tient le monde en éveil, je vous dirais par quelle suite d'épreuves il m'a fallu passer pour trouver une chambre.... non, un repaire à la *Grande auberge de l'Europe*, tenue par il signore Pietro Roberti. On y voit un lit orné d'une courte-pointe que le gant d'une Parisienne n'oserait pas toucher, une cuvette ou l'araignée laborieuse file sa toile, un carreau ébréché comme par un bombardement, une table boiteuse et grasse protégée par un tapis troué, une chaise respectable qui tombe en ruine, un fauteuil inhospitalier et revêche, des rideaux que de longs services ont transformés en guipure. Cet aimable séjour ouvrait sur une galerie intérieure sur laquelle les poules et les coqs se promenaient par longues bandes : un oiseau, — un merle, je crois, — chante avec entêtement un air qui ne varie jamais et que la nuit n'interrompt pas. Ah! si l'on avait des nerfs! Dans la cour, d'où s'exhale une odeur de cuisine infernale, crie, hurle, se démène et glapit sans relâche un groupe effroyable de facchini dépenaillés et noirs comme la suie. Vingt chevaux campent sous l'auvent formé par la galerie. Ceux-ci ruent, ceux-là hennissent, tous piaffent. Des linges infects pendent à des bouts de cordes qu'on heurte à tous les pas, et les garçons paresseux égayent leurs loisirs par des disputes qui mêlent cent cris à tous les bruits de la création.

Il faut se taire sur le dîner; il y a des désastres qu'on ne raconte pas.

La nuit venue, deux poules et un coq cochinchinois, partisans de l'invasion, avaient élu domicile sur le baldaquin de mon lit; car il y avait un baldaquin!

Au demeurant, l'*albergo del Europa* est ornée de fresques du haut jusqu'en bas.

Cela dit, j'ajouterai que pour se promener dans la ville et aux environs, il est bon, il est indispensable de se munir d'un sauf-conduit. J'en dois un à l'obligeance de M. le colonel de Vernon, grand prévôt de l'armée d'Italie. Or un grand prévôt réunit entre ses mains les pouvoirs du tribunal de simple police, de la Cour d'appel et de la Cour de cassation : quand il prononce, tout est dit.

En temps de guerre et dans le voisinage de l'ennemi, un simple passe-port est un mince bouclier.

L'autre jour le général Renault, en poussant une reconnaissance aux avant-postes, a été salué d'une volée de balles qui a blessé le cheval de son trompette.

A propos, les Autrichiens n'ont pas trouvé bon d'attendre le 3e zouaves à Bobbio. C'est peut-être prudent, mais je le regrette pour mes Africains.

Voici un détail qui vous sera une preuve de l'esprit qui anime nos régiments. Le matin où le 3e zouaves a quitté son bivouac de la porte del Fila, 3 hommes seulement sur 2700 ont manqué à l'appel; ils s'étaient endormis à l'angle de la rue où chante un cabaret !

Vous comprenez que les mouvements militaires ne permettent pas aux convois du chemin de fer de fonctionner avec une grande régularité. On part quelquefois à cinq heures quand on aurait dû être en route à midi, et on arrive le soir lorsque le règlement constate qu'on devait arriver le matin ; mais c'est la guerre !

Le quartier général du roi est toujours à San Salvadore, mais les saufs-conduits dont je vous parlais tout à l'heure ne permettent pas d'y aller.... même pour voir. Les curieux et les touristes ne se plaindront pas de cet excès de prudence. Vous savez que les chasseurs tyroliens ont des carabines dont le balles portent à 1200 mètres.

Ah! un détail qui a sa couleur locale. La locomotive qui nous a conduits de Gênes à Alexandrie se nommait *Paganini;* celle qui a emporté les bersaglieri s'appelait *Cimarosa.* La seule musique qu'on écoute à présent est celle du canon, et voilà nos *maestri* transformés en foudres de guerre.

Turin, le 17 mai.

Rien n'étonne plus que la tranquillité et le silence de Turin quand on sort du mouvement et de la fièvre d'Alexandrie; c'est comme si l'on passait subitement d'une mer agitée dans un lac paisible. On dirait la rue de Rivoli après le camp de Châlons, mais une rue de Rivoli moins animée après un camp plus tumultueux.

Sous ces longues arcades qui fuient devant le regard et fatiguent l'attention, dans ces vastes places que le vent balaye, au milieu de ces rues où la ligne droite règne despotiquement, partout enfin où l'étranger se promène, on rencontre à peine quelques soldats, et ceux-là même semblent surpris de fouler le pavé d'une capitale. Le campement a supprimé la garnison.

Cette ville, qu'on a vue si pleine de bruit il y a

trois semaines ou quinze jours, ce grand damier de pierres où le pittoresque est écrasé par la régularité, et que tant de canons et de régiments ont traversé au pas de charge, n'a même plus de sentinelles, si ce n'est celles de gardes nationaux. Où l'on voyait le colback des artilleurs et le shako des chasseurs de Vincennes, on suit de l'œil le feutre gris où s'enroule une plume blanche d'une Anglaise en voyage. Dans les cafés, de rares officiers en mission ou qui regagnent leur corps; point de pantalons garance au théâtre, mais seulement des touristes en casquette qui arrivent de Londres pour voir l'armée française en campagne.

Ce n'est pas que tout mouvement de troupes ait cessé; mais les bataillons qui, par le Mont-Cenis et Suze, continuent à pénétrer en Piémont sont dirigés sans relâche sur la ligne d'opération et ne s'arrêtent pas à Turin.

A présent que tout péril est passé, on peut avouer que la capitale des États sardes a été sérieusement en danger pendant un certain nombre de jours. Si le Piémont avait eu affaire à un ennemi prompt, dans ses mouvements, actif, résolu, la ville tombait provisoirement sans doute, mais tombait infailliblement au pouvoir du général Giulay. On ne pouvait pas et on ne voulait pas la défendre. Dans la pensée du gouvernement, qui apporte dans cette guerre une énergie indomptable, le sacrifice de

Turin était fait. Il s'est trouvé un moment où la capitale du royaume n'était couverte que par une brigade de cavalerie pour la mettre à l'abri d'un coup de main que trois régiments de hussards, signalés dans la direction de Livorno, auraient pu tenter. Il n'y avait pas dans les casernes et les environs un seul bataillon, une seule compagnie; toute l'infanterie était massée du côté d'Alexandrie et sur la ligne de la Scrivia. Si une forte division autrichienne avait fait une pointe vigoureuse en avant, on n'aurait pas eu un fusil à lui opposer.

L'armée sarde, alors faible en nombre et dispersée, se réunissait en grande hâte et prenait position sur le flanc de l'ennemi, laissant ouvert tout le pays situé au nord de Turin. Bien plus, même, un général hardi pouvait porter ses troupes sur le chemin de fer qui relie Suze à Turin, le couper, et occuper le passage des Alpes. Les moyens d'action qu'il a, il les avait : il fallait seulement de la promptitude dans les mouvements et de l'audace.

La ligne d'Alexandrie à Gênes, bien que mieux défendue, n'était pas, à cette même époque, à l'abri de tout danger : on n'avait guère qu'une division et quelque artillerie de ce côté-là; ces troupes avaient ordre de défendre le terrain pied à pied et de se retirer, en se battant toujours, de position en position : le gouvernement leur envoyait jour à jour les renforts disponibles; mais un ennemi déterminé, et qui avait passé le Tessin et le Pô avec plus de 120 000 hommes, pouvait briser la ligne sur un point donné, à Novi, par exemple, et attendre l'armée française avec le prestige d'un succès.

La lenteur et l'indécision des mouvements du général autrichien ne s'expliquent pas. Il faut y voir un résultat du caractère national. On a réfléchi pendant quinze jours à une attaque qu'il fallait exécuter dans les vingt-quatre heures et avec une sorte de furie.

« Malafuria e francesa, dit le dicton. »

Et remarquez bien que le danger était loin d'être passé au moment où les têtes de colonne des divisions françaises se sont montrées à Turin. Elles s'étaient portées en avant avec cette rapidité et cette résolution qui sont au premier rang de nos vertus militaires; mais elles ont été pendant un temps insuffisantes en nombre et mal pourvues d'artillerie. Elles auraient bravement fait leur devoir, et on les aurait vues mourir en défendant les positions qu'on leur avait donné à protéger; mais leur héroïsme n'aurait pas sauvé le royaume, et si vous aviez eu l'armée française dans les positions de l'armée autrichienne, c'en était fait de Turin, de Suze et de Novi, et la campagne commençait avec un autre caractère.

Il y a même eu un jour où, sur une nouvelle qui s'est trouvée fausse, mais qui avait pour elle la logique et la vraisemblance, une sorte de panique s'est emparée de la capitale. Les habitants notables se jetaient dans leurs voitures, on cherchait partout des chevaux de poste; c'était une déroute civile, passez-moi le mot. On croyait les Croates aux portes de la ville; ils en étaient à deux étapes. Des chasseurs d'Afrique et des zouaves auraient franchi la distance en une marche. L'indécision autrichienne a fait le salut de Turin. Mais quelle peur dans les rues et dans les boutiques !

On peut bien dire toutes ces choses-là aujourd'hui que l'armée piémontaise a mis en ligne 80 000 hommes de bonnes troupes et que plus de 120 000 hommes Français ont passé les Alpes et la mer avec un élan et une promptitude que les soldats autrichiens ne connaissent pas. A leur tour les alliés peuvent prendre l'offensive et choisir leur point d'attaque. Une formidable ligne de défense, partout gardée, partout fortifiée, s'étend de Suze et de Casale à la mer par la Sésia, la Doria et la Scrivia. Alexandrie en occupe le centre.

Il faut dire aussi que le gouvernement piémontais, qui connaissait le péril et le regardait en face, n'a reculé devant aucun sacrifice pour en combattre l'imminence. Contre les colonnes ennemies il a lancé des colonnes d'eau. Toutes les écluses, toutes les digues qui protégent le Vercellais ont été ouvertes et rompues, et les fleuves que les barrages ne contenaient plus ont inondé les terres à dix lieues à la ronde. Une riche province est devenue un lac. Les pertes sont incalculables, mais la marche des Croates a été paralysée.

Les Piémontais ont combattu les Autrichiens par l'eau comme autrefois le patriotisme russe nous avait combattus par le feu.

Je vous demande pardon de tous ces détails qui n'ont pas un grand mérite d'actualité; mais il m'a semblé qu'au début d'une grande guerre, où les forces de deux puissants empires sont en présence, ils avaient leur valeur. On en peut tout au moins tirer des conséquences. Le premier chapitre indique le dénouement.

L'heure où les chances étaient bonnes pour les Autrichiens est passée. Avant même d'avoir rien tenté ils reculent. La seule affaire où ils aient mis un peu d'entêtement, celle de Frassinetto, a tourné contre eux. Ils ont perdu des hommes, un peu de matériel, et, ce qui est irréparable, du temps, cette chose sans prix à la guerre.

Remarquez que ce n'est pas moi qui parle; ce sont les hommes du métier.

L'armée autrichienne seule donc est fatiguée. Ce n'est pas qu'on ne la retrouvera bientôt en ligne, prête à faire bravement son devoir. Il est malséant et sot de mépriser un ennemi qui a fait ses preuves; mais il est incontestable qu'elle s'éloigne avec le sentiment d'un échec moral.

A ce point de vue, l'ultimatum présenté par le comte Giulay rappelle la vieille comédie de Shakespeare : *Beaucoup de bruit pour rien.*

La question des réfugiés n'a pas été une des moins délicates que le Piémont ait eu à résoudre. On n'arme pas en guerre 38 000 hommes qui n'ont jamais su manier un fusil comme on fait partir une patrouille. L'enthousiasme est une fort bonne chose sans doute, mais en temps de guerre l'enthousiasme ne suffit pas; un peu de discipline est nécessaire, et il faut dire que les volontaires qui accouraient à Gênes et à Turin, de tous les points de l'Italie, en manquaient complétement. On a donc enrégimenté dans les bataillons de la ligne ceux qui avaient déjà servi et auxquels on reconnaissait la bonne volonté et les aptitudes du service militaire; on a organisé l'instruction pour un certain nombre d'autres qui seront dirigés petit à petit sur les dépôts des régiments; un corps franc de 3500 hommes à peu près a été confié à Garibaldi qui a les épaulettes et le rang de major-général (général de brigade), et on attend pour le reste.

Jamais le gouvernement piémontais n'a eu la pensée de lancer en avant et d'équiper en totalité ces bandes dévouées, mais inexpérimentées, et dont le zèle même pouvait être un péril un jour de bataille. Jamais non plus il n'a songé à nommer Garibaldi généralissime de ces forces inorganisées.

Ajoutons, pour être vrai jusqu'au bout, que Garibaldi n'en a jamais eu la prétention.

Et puisque je suis en train de rétablir les faits dans leur sincérité, qu'il me soit permis d'ajouter que le gouvernement piémontais n'a jamais adressé au général en chef de l'armée autrichienne la lettre à laquelle les journaux ont fait allusion.

Maintenant vous entendrez beaucoup parler de mouvements et d'opérations. Ayez pour certain que toute cette stratégie faite au courant de la plume, et qui annonce les faits d'avance, n'a rien de sérieux. Les généraux ne parlent pas ; quand ils reçoivent un ordre, ils l'exécutent sans le communiquer à personne, comme c'est leur devoir. On n'annonce pas à l'avance et au son de la trompette les changements de position. Donc si on vous dit ou si vous lisez quelque part que l'on sera là tel jour et que tel corps se portera sur tel point le lendemain, n'ajoutez pas une créance entière à la nouvelle. Demain est l'inconnu, on ne peut faire que l'histoire d'hier.

Ainsi, par exemple, quelles manœuvres n'a-t-on pas fait exécuter au corps de Garibaldi ! On pouvait le croire doué du don d'ubiquité. La vérité simple est qu'il occupe avec ses chasseurs des Alpes une position tout en face de Verceil, aux avant-postes, à l'extrême gauche de la ligne d'opération des armées alliées. Il est au premier rang, c'est assez.

Ce qui est encore vrai, c'est que le quartier général du roi Victor-Emmanuel est depuis deux jours à Occimiano. Demain peut-être sera-t-il ailleurs.

Ce qui est vrai surtout, à ce qu'il paraît, c'est le déplorable état dans lequel on trouvera la Lomelline quand l'armée de l'indépendance en aura chassé l'ennemi. Tout a été anéanti, consommé ou emporté. Bestiaux, chevaux et bêtes de somme, charrettes et voitures, tout a disparu. Je ne parle pas de l'argent et des provisions; les réquisitions ont fait main basse sur tout ce qui avait quelque valeur. On n'y découvrira plus ni un mouton, ni une pièce de 20 sous, ni une paire de souliers. Une trombe de Croates a passé par là; elle a fait l'œuvre du simoun.

Il faudra bien dix ans de paix et d'efforts à la Lomelline pour sortir de son tombeau.

Le bruit généralement accrédité ici est qu'il n'y aura pas, je ne dis pas d'affaire, mais d'opération sérieuse avant huit ou dix jours.

Turin, le 18 mai.

N'attendez pas de moi des nouvelles importantes. Bien des jours peut-être se passeront avant que le *Moniteur* ne raconte au monde que la France a inscrit une victoire de plus dans ses annales. Heureuse nouvelle, à laquelle tout le monde croit, mais que l'avenir couvre encore de ses voiles !

Cependant, puisque nous sommes à Turin, profitons des loisirs que nous permet le dieu des batailles, et promenons-nous au hasard dans la ville.

Elle est un peu déserte et un peu triste, il faut bien le dire; non pas que personne regrette ce qu'on a fait ni qu'on fuie devant l'ennemi; mais lorsque le canon gronde aux frontières, on n'a pas le cœur à la danse et à la musique. On donnerait tous les bals du monde et dix mille concerts pour un bulletin. Vous me direz que dix mille concerts ce n'est pas beaucoup. On fait ce qu'on peut. La plupart des touristes sont partis, peu curieux de rencontrer de la grosse cavalerie dans les jardins et des ambulances dans les parcs. Les Anglais seuls tiennent bon; mais quelle chose déracinerait un Anglais? Hier, à l'hôtel d'Europe, une famille d'insulaires prenait le thé et parlait haut, comme fait tout honnête Anglais, pour qui le reste de la création n'est rien. J'entendais malgré moi.

Une jeune miss a failli se fâcher contre son fiancé parce qu'il ne voulait pas la conduire au camp de Garibaldi, du côté de Formigliano, au-dessus de Verceil.

Et il fallait voir comme elle agitait la plume blanche et rouge de son feutre gris! un dessin allait manquer à son album! Que dirait-on à Londres?

Au *campo di Marzo*, peu ou point de voitures; mais sous les portiques de la contrada di Pô, de la piazza San Carlo et de la piazza Castello, des oisifs par milliers qui se promènent, s'arrêtant les uns les autres et s'interrogeant tous à la fois avec cette vélocité qui n'appartient qu'aux méridionaux. Trente questions pour une réponse !

— *Che di nuovo?* est la phrase qui sort de toutes les bouches vingt fois par heure. On la prononce même en dormant.

Et tout le monde répond : *Niente,* ou à peu près.

En conséquence, les conversations continuent de plus belle.

Le soir, à l'heure où l'on prend le sorbet, elles recommencent avec frénésie et ne tarissent plus. Nous voici au café Fiorio.

Le café Fiorio est le café Tortoni de Turin. On y vient des quatre coins de la ville. Figurez-vous une suite de salles basses qui aboutissent à une pièce enfumée où l'on joue au billard. De petites tables de marbre rondes sont partout entourées de consommateurs entre lesquels des garçons en vestes courtes flânent avec cet air de nonchalance et cette paresse heureuse qui sont aussi bien piémontaises que napolitaines. Le café a sa porte ouverte sous les portiques. La foule en obstrue l'entrée.

Dans ce coin, un groupe de jeunes conscrits, couverts de la grande capote grise, s'évertue à comprendre le plan de campagne *dei marescialle francese*. Des réfugiés et des volontaires, qu'on reconnaît à leurs chapeaux de feutre pointus, gesticulent comme autrefois le télégraphe. Des bourgeois lisent à quatre un numéro de l'*Opinione*; des gens du peuple racontent les abominations commises dans la Lomelline, leurs grands yeux italiens s'enflamment, et on entend grincer sur les lèvres tous les mots inventés par la fureur et le mépris : *assassini, carnefice, birbente, briccone, rubatore, banditi, seroccone, ferzati, ladri, guidoni*, et cent autres qui partent comme des paquets de mitraille. Des gamins circulent, criant à tue-tête le dernier bulletin, qu'on s'arrache et qui n'apprend rien. D'autres feuilles volantes contiennent les dépêches télégraphiques transcrites par l'agence Stefani, qui est l'Havas du pays. On les vend un sou et il n'y en a jamais assez pour tout le monde. Voici un avocat, là un artiste, ici un député, plus loin un militaire à moustaches grises. On se cherche, on s'interpelle, on discute, et, l'entretien fini, on le reprend. Personne ne respire plus.

Que cette animation, cette fièvre ne vous surprennent pas. Le Piémont a mis son existence dans l'enjeu des batailles. La guerre est son va-tout, et chacun le comprend.

On prête au roi Victor-Emmanuel un mot qui peint la situation. *Ou roi d'Italie ou M. le chevalier de Savoie*, disait-il.

Voulez-vous un échantillon des nouvelles qui avaient cours hier au soir à onze heures? Je vous les donne sous toute réserve et sans garantie aucune. Je crois même que sur le nombre la bonne moitié est radicalement fausse.

Donc, et cette précaution prise, je transcris.

« Les chasseurs de Garibaldi ont surpris un escadron de hussards hongrois et les ont taillés en pièces.

Deux villages ont été la proie des flammes sur la rive droite du Tessin.

Le général Mac-Mahon a occupé Voghera avec une forte division... » Ceci pourrait être vrai.

« L'armée des alliés va être ou a été divisée en deux grands corps. Le premier composé de la garde, des corps du maréchal Baraguay-d'Hilliers et du général Mac-Mahon et des divisions sardes Duranti et Fanti, serait commandé en personne par l'Empereur. Le second, placé sur la gauche, du côté de Casale, aurait pour général en chef le roi Victor-Emmanuel, et compterait dans ses rangs les corps d'armée du maréchal Canrobert et du général Niel, et les trois autres divisions de l'armée piémontaise.

Le corps d'armée du prince Napoléon agirait sur l'extrême droite et prendrait l'armée autrichienne à revers.

Garibaldi, avec ses bandes, se lancerait du côté du lac Majeur.

Un régiment de chevau-légers piémontais a fait une reconnaissance en avant de Casale sur la rive du Pô. On ne l'a pas inquiété.

Le comte Giulay est déchu de son commandement. L'empereur François-Joseph l'a remplacé par le général Hess.

Tant pis! disent les Piémontais.

Quatre vaisseaux de guerre français ont paru devant Pola. A Crémone, un régiment croate a échangé des coups de fusil avec un régiment hongrois. »

Remarquons en passant que cette dernière nouvelle a déjà servi plusieurs fois. On la fera servir très-souvent encore.

Un monsieur arrive tout essoufflé; il annonce que les opérations commenceront demain à midi précis.

On se regarde.

Un autre monsieur accourt tout effaré; il déclare que l'attaque sur toute la ligne aura lieu après-demain, dans la matinée, à six heures.

Un troisième monsieur se présente très-ému; il affirme que les Autrichiens, au nombre de 50 000, ont passé le Pô à Valenza.

Les commentaires volent de toutes parts.

Mais voilà qu'un quatrième monsieur entre, un parapluie tout mouillé à la main. Il pleut à flots, adieu la bataille!

Et voilà justement où est le nœud de la question. Le Piémont est en ce moment plus marécageux que la Hollande. Il jouit du climat de Liverpool; depuis quinze jours le ciel est couleur de fumée. Quand il ne pleut pas le matin, il pleut à midi; quelquefois il pleut toujours. Si le soleil glisse le bout d'un rayon dans un coin, vient un nuage qui couvre tout et crève sur tout.

Je vous laisse à penser dans quel état sont les chemins. Auprès de ces chemins défoncés les canaux coulent à pleins bords, et les moindres ruisseaux, gonflés comme la grenouille de la fable, profitent de l'occasion pour déborder. L'artillerie ne pourrait passer nulle part.

Quittons le café Fiorio et cherchons un théâtre. Le Grand-Théâtre est fermé faute de public; le théâtre Scribe fait relâche paresseusement quatre ou cinq fois la semaine; la troupe française qui l'exploitait est quelque peu dispersée; l'ingénue ne voyait plus que les banquettes. Restent le théâtre Alfieri, le théâtre Carignan et le théâtre d'Angennes. On y joue de méchantes comédies et de mauvais mélodrames. Quelquefois on y chante.

On représentait l'autre soir, à l'un d'eux, un opéra intitulé *il Domino nero*. Alléché par le titre, je suis entré. Les paroles rappelaient peut-être, avec toutes les trahisons d'un traducteur, la prose et les vers du plus fécond de nos académiciens; quant à la musique, elle était d'un maître inconnu.

Et celui-là ne rappelait pas M. Auber.

Mais s'il pleut, bonsoir, la porte est close; ne consultez pas l'affiche, elle ment comme une espérance; consultez le ciel.

L'autre soir, par miracle, il ne pleuvait pas. On chantait *la Marseillaise* au théâtre Alfieri. *Il canto di guerra dei Francesi* avait dans la bouche du *primo tenore* un caractère qu'on ne lui connaît pas à Paris.

On l'a orné de trilles, de fioritures, de cadences et de mille agréments parmi lesquels le chanteur se perd en roulades du plus merveilleux effet; figurez-vous un taureau auquel on aurait mis des castagnettes. Voilà *la Marseillaise* de Turin.

On applaudit beaucoup.

Les pièces de circonstance ne manquent pas. On joue *la Guerra e la Pas, la Partença d'il contingente per l'armata.* Les drapeaux, les vivats, les fusils y foisonnent. On chante des couplets de circonstance, on déclame des odes patriotiques. Les trois couleurs italiennes se marient aux trois couleurs françaises. L'enthousiasme éclate sur tous les bancs. Les spectateurs suppléent au nombre par le bruit.

L'élan de la population est plus sérieux. Les fils des meilleures familles sont partis. Le neveu de M. le comte de Cavour vient de s'engager dans un régiment d'infanterie. Les trois fils du duc Visconti servent dans le même corps. Le duc de San Donato est major à Acqui, où se trouve aussi le célèbre poëte Montanelli, traducteur, et traducteur heureux de *Phèdre*. Je pourrais citer cent noms du plus illustre patriciat. La fleur de la noblesse italienne est au camp. Le Piémont a donné l'exemple à la Péninsule.

Il y a peu de jours un général français très-connu se trouvait en présence d'un bataillon de volontaires. Il avise un jeune homme de bonne mine qui lui présente gaillardement les armes. Au visage frais du soldat, le général reconnaît qu'il n'a pas affaire à un vieux troupier.

— Vous êtes volontaire ? lui dit le général.

— Oui, volontaire et Toscan.

— Et l'on vous donne ?

— Un fusil et cinq sous.

Le général sourit.

— Cela doit paraître médiocre à un homme qui a vu, j'imagine, plus de villas que de casernes?

— Oh! répond l'autre, j'ai cinq sous du gouvernement d'abord, et puis trois cent trente-trois francs trente-trois centimes par jour de chez moi.

Quand un mouvement unit coude à coude, dans les mêmes rangs, un millionnaire et un paysan, ce mouvement est national.

J'ai retrouvé à Turin les portraits de Garibaldi que j'avais déjà vus à Gênes et à Alexandrie. Ils sont en étalage sous la vitrine de tous les marchands d'estampes. La gravure et la lithographie s'épuisent à reproduire les traits du chef célèbre. Ici il est en costume civil; là il a l'habit militaire avec le chapeau empanaché; ailleurs il est drapé dans un manteau comme le lord Byron populaire. Quelques-uns de ces portraits, enluminés comme l'Europe et l'Amérique qu'on voit dans les chambres d'auberge, se vendent 2 sous. Ordinairement ces belles images sont placées entre le portrait de l'empereur Napoléon et celui du roi Victor-Emmanuel.

Si la reproduction plastique du fameux capitaine (le plâtre et le marbre viennent en aide au burin et au pinceau) se trouve sous tous les portiques, son nom est dans toutes les bouches. Jamais popularité ne fut plus grande ; Garibaldi a pour les masses le double prestige des aventures et d'une incontestable bravoure. La légende en a fait une sorte de mousquetaire habillé à la mode de Fra Diavolo. Il vaut mieux que cela.

En prenant du service dans l'armée royale du Piémont, Garibaldi a voulu prouver d'une manière éclatante qu'il n'y avait rien de commun entre lui et Mazzini.

La popularité de l'ancien défenseur de Rome est balancée par celle de M. de Cavour.

Le portrait du ministre qui réunit entre ses mains tous les pouvoirs administratifs du royaume est également partout.

Les imaginations se représentent Garibaldi brun, presque noir, les cheveux flottants, avec une tournure de Calabrais, et le visage farouche et flamboyant. Sur ses portraits il est blond, avec quelque chose de rêveur dans la physionomie.

Tout à côté des portraits on remarque une belle collection de caricatures. Les Autrichiens n'y sont pas épargnés. Ils nous le rendent sans doute à Vienne. L'une de ces caricatures représente l'empereur Napoléon, le sabre au poing, offrant sa proclamation à l'Europe effrayée que l'Autriche essaye de pousser en avant. Notez en passant que l'Europe et l'Autriche sont de pauvres vieilles femmes coiffées en bonnets et armés de bésicles. Les traités de 1815 sont à leurs pieds, déchirés.

Les autres caricatures sont à l'avenant. Les volontaires et les gamins rassemblés tout à l'entour rient aux éclats.

Des batteries d'artillerie sont encore arrivées cette nuit par le chemin de Suze. On les a dirigées sans perdre une minute sur Alexandrie.

Les renseignements qui viennent de la Lomelline sont de plus en plus affreux. On raconte que les caporaux autrichiens conduisent au travail, à coups de bâton, les malheureux paysans qu'ils arrachent à leurs chaumières; si les paysans s'échappent, ils prennent les femmes et les enfants. Tous les hôpitaux et les autres établissements de bienfaisance ont été dépouillés des objets de literie et de linge. Je ne parle pas de l'argent des pauvres, cela va sans dire. Les soldats, dit-on, se montrent surtout friands de toile et de cuir. Un bourg a été mis à contribution de mille pièces de toile par jour pendant six jours. A la fin du second, et après avoir tout réuni, on n'avait plus rien. Le commandant croate fit venir le syndic, lui donna un sauf-conduit, et lui déclara qu'à Pavie ou à Milan il trouverait, en la payant, toute la toile dont ses pandours avaient besoin.

Tous les draps de lit qu'on a ramassés ont été convertis en chemises.

Remarquez que nulle part les habitants n'ont opposé de résistance ; il n'y avait pas même l'ivresse du combat pour expliquer de telles violences.

En vous racontant ces horribles détails je me fais l'écho des bruits qui courent. On en parle partout, matin et soir. Ma plume s'userait à vous les répéter tous. Il faut choisir, mais en choisissant je ne garantis rien.

Les réquisitions autrichiennes ne s'exercent pas seulement en pays ennemi. Chez eux, en Lombardie, dans ce fameux quadrilatère où se trouve le cœur de la défense, ils ont frappé une contribution de guerre de six mille bœufs. Les propriétaires recevaient un bon en échange des animaux, dont le prix était estimé à une valeur approximative.

Ah ! le bon billet qu'a la Châtre !

A ce propos laissez-moi vous citer le mot d'un chasseur de Vincennes.

Il était l'autre soir, l'arme au pied, devant la gare du chemin de fer. Son peloton allait rejoindre le bataillon et il pleuvait comme à Paris. Tout à coup il lève le poing et regardant les nuages :

« Gredin de ciel ! dit-il, bien sûr il s'est vendu aux Autrichiens.

—Et avec quoi veux-tu qu'ils le payent ? » répond un camarade.

Au moment de fermer ma lettre, le bruit court que

Verceil est occupé de nouveau par un corps de 25 000 Autrichiens et une forte artillerie.

P. S. Depuis ce matin il n'a pas plu. Le soleil se montre presque.

Je crois que je puis enfin aller à Casale. Demain je tenterai l'aventure, c'est de là que je vous écrirai,

Ah! si je pouvais pénétrer jusqu'au camp de Garibaldi!

Casale, le 19 mai.

Le hasard a fait que ce matin je suis parti pour Casale dans le même convoi qui emportait M. de Cavour à Alexandrie. Si un instant j'avais pu douter de l'immense popularité du premier ministre, ce court voyage m'en aurait donné des preuves suffisantes. A toutes les stations, la foule, prévenue par la rumeur publique, l'attendait et le saluait de ses acclamations. A Moncalieri, à Villanuova, à Villafranca, à San Damiano, à Attone, les femmes, les enfants, les hommes, les vieillards se pressaient dans la gare, montaient sur les bornes, sautaient sur les murs et se le montraient du geste en battant des mains.

Io lo visto! disaient les plus heureux à ceux qui ne l'apercevaient pas.

A Asti, la musique de la garde nationale jouait *la Marseillaise* à toute outrance.

Un régiment de la ligne qui attendait l'heure du départ a mis les shakos au bout des fusils en criant : *Vivat !*

La conviction se forme sur les causes et la nature de cette guerre à mesure que l'on parcourt le pays. Un propriétaire à barbe grise dont les domaines se trouvent du côté de Vigevano, et qui fort heureusement était hors de son domicile au moment de l'invasion, m'a raconté chemin faisant qu'il n'y avait plus ni bêtes dans ses étables, ni blé dans ses granges, ni arbres sur ses terres.

« Il ne me reste, a-t-il ajouté, que ma femme, mes enfants.... et le sol. »

Et puis, haussant les épaules par un mouvement tout italien : « Si c'est la dernière fois, a-t-il repris, je m'en console ! »

La guerre est descendue dans les entrailles du pays.

Plus loin, et après avoir laissé Alexandrie derrière moi, je me suis trouvé dans le même compartiment avec un Parmesan qui a fait la guerre de 1848 dans l'armée Sarde en qualité d'officier de cavalerie et qui se rendait au quartier général du roi à Occimiano. Quel accent dans ses paroles ! quel feu sombre dans ses yeux ! quelle amertume et quelle âpreté ! Les commencements de la guerre ne l'ont pas surpris ; ces exactions, ces pillages, tous ces crimes qui, si l'on en croit la rumeur publique, ont marqué les premières étapes de l'armée du comte Giulay, il s'y attendait. C'est la méthode autrichienne en Italie, disait-il. Volontiers il aurait cité ce vers que Victor Hugo met dans la bouche d'Hernani :

La haine est entre nous affaire de famille !

Si rien ne calme les volontaires, il craint qu'on ne fasse pas de quartier.

« Vous verrez des choses que la pensée humaine ne peut pas concevoir ! Nous avons trente années d'injures et de spoliations à venger ! »

Ce langage, avec les nuances qu'apporte le caractère des individus, je l'entends partout.

Je ne vous parlerai pas des mouvements de troupes sur le chemin de fer. Ils sont incessants. Les locomotives vont au pas comme des fiacres qui marchent à l'heure. L'un des convois que j'ai croisés comptait quarante-huit voitures bourrées de soldats. Le bronze et le fer se fatiguent à les porter.

L'armée sarde se concentre sur la gauche et masse ses divisions; l'armée française occupe le centre et la droite. La direction suprême des opérations appartient à l'empereur Napoléon.

Le chemin de fer d'Alexandrie à Casale, qui passe à côté de San Salvador et se rapproche d'Occimiano, côtoie le terrain de la guerre. Le Pô n'est pas loin ; quelques rideaux de peupliers l'indiquent çà et là. Par des échappées de vue, on découvre les villages et les clochers de la rive gauche, occupée par l'ennemi. On ne le saurait pas qu'on le devinerait à l'aspect de la campagne.

Pas une ferme, pas un hangar, pas une bergerie, pas une cabane qui n'ait sa garnison. Ici un peloton, là une compagnie, plus loin un bataillon. Des pantalons rouges se montrent derrière les haies, des baïonnettes brillent sur la lisière des champs de blé, des armes en faisceaux sont rangées le long des sentiers; le turban des zouaves apparaît au milieu des vignes. De longues files de soldats portant sur l'épaule des sacs de toile vont aux provisions: d'autres, armés de pioches et de pelles, travaillent à des épaulements; on voit passer au galop des officiers d'état-major. Sur des monticules qui dominent le cours du fleuve, voilà deux ou trois tentes qui abritent une grand'garde. Un régiment est campé dans ce vallon. Des convois de charrettes s'avancent lentement, surveillés par des gendarmes. Des escouades de chasseurs à cheval et de hussards vont et viennent.

En passant à Giorale, j'ai vu ramener un pauvre blessé; c'était un soldat. La balle d'un chasseur tyrolien l'avait atteint aux avant-postes; il avait la jambe cassée. Il ne se plaignait pas. Que de vertus on découvre chez ces braves gens soumis à de si rudes épreuves!

Un autre soldat monta dans le même wagon. Il

avait un pied entouré de linges et boitait en marchant. Un accident peut-être ou la fatigue avait enflé sa jambe démesurément jusqu'au genou; il avait dû quitter ses souliers. Un camarade voulut prendre son fusil pour le soulager et son sac.

« Mon fourniment! Allons donc! » dit-il.

Les carabines des chasseurs tyroliens portent loin et portent juste; nos chasseurs de Vincennes leur répondent, et Dieu sait quelle impatience ils ont de courir sus aux habits blancs.

Valenza est sur la droite du chemin de fer, au bord du Pô. On escarmouche d'un bord du fleuve à l'autre, mais à de longues portées. Le premier essai des canons rayés vient d'être fait de ce côté-là. Il a été terrible. Une batterie de quatre pièces mise en position a tiré à la distance de 2300 mètres contre une maison occupée par des chasseurs tyroliens. Au trentième coup, la maison s'écroulait. On pouvait distinguer, à l'aide de la longue-vue, les Autrichiens fuyant dans la campagne.

On va tourner les boulets contre un clocher dont le profil blanc s'allonge dans la plaine et d'où les Autrichiens, comme d'un observatoire, surveillent nos avant-postes. Le pauvre clocher n'a pas longtemps à rester debout.

A mesure qu'on approche de Casale, le spectacle prend un caractère d'une tristesse navrante.

La campagne est belle, mais personne n'est là

pour en recueillir les moissons. Ni fermiers, ni paysans, ni bergers, pas un être vivant dans cette plaine où la vigne étend ses pampres verts, où le blé ondule. Les fermes sont abandonnées, les villas désertes; la chèvre ne broute plus le long du sentier, la vache ne rumine pas dans l'herbe. On a enlevé des maisons les meubles et jusqu'aux portes et aux fenêtres; des rangées de mûriers énormes sont couchées par terre, coupées à deux ou trois pieds du sol; les troncs et les branches où la feuille se flétrit servent de chevaux de frise.

C'est le tableau de la désolation au milieu de toutes les richesses et de tous les sourires du printemps. Mais qu'importe aux Piémontais? ils sont prêts à tous les sacrifices.

Nous voici dans Casale. L'auberge du *Lion-d'Or* nous offrira un gîte.

Trois divisions de l'armée sarde, avec de la cavalerie et une nombreuse artillerie, occupent Casale. Il y a dans les rues plus de capotes que de paletots. A trois pas de la gare, près de laquelle un café éparpille ses tables, un bastion couronné de beaux arbres dirige vers la campagne ses canons de bronze. Les casemates sont à côté des jardins.

On sort de la gare, et une place immense, entourée de quinconces, s'étend devant vous jusqu'aux premières maisons de la ville.

Cette place disparaissait tout entière sous des files

sans nombre de caissons d'artillerie et de fourgons rangés dans un ordre admirable devant des batteries de pièces de campagne. Sous des hangars voisins, les chevaux mangeaient leur provende ; et des charrettes par centaines, montées sur deux roues et fermées à leurs extrémités par de petites guérites toutes neuves, se remplissaient à tour de rôle de pains de munition qu'on tirait des salons de la gare, transformés en magasins. Que de pains dans ces salles ! Il y en avait jusqu'au plafond.

Dans un coin de la place, des pontonniers en veste de toile s'exerçaient à construire des ponts volants. Des chevau-légers ramenaient plus loin les fourrages de l'escadron. Des compagnies entières dormaient sur des bottes de paille.

On m'avait parlé d'une cathédrale curieuse par sa construction ; malgré l'originalité du spectacle guerrier que présentait Casale, l'instinct du touriste se réveillant, je demandai le chemin de cette cathédrale. On me l'indique, et j'y cours par la place du Marché.

La cathédrale, toute vieille, lézardée, branlante et décrépite d'un côté, restaurée et remise à neuf par un coin, était occupée par un bataillon de bersaglieri. La paille couvrait le parvis, les sacs et les gibernes pendaient le long des piliers. Des feux brûlaient contre les murs extérieurs.

Trois autres églises, envahies par la guerre

étaient transformées en casernes. Deux cents chevaux piaffaient dans l'une toute retentissante de hennissements.

Une autre encore cependant, toute neuve ou à peu près, et d'un assez mauvais style, était libre. Malheureusement le sacristain déjeunait, et il fallut renoncer au plaisir de la voir. Mais le portier avait les clefs de la bibliothèque; il m'offrit de la visiter et en ouvrit la porte.

Cette bibliothèque ovale, à longue voûte peinte à fresque, pavée en mosaïque, avec de hauts rayons tout remplis d'in-folios, rappelait tout à coup que le silence était encore de ce monde. Je croyais le silence mort depuis huit jours! Dans un coin, devant une table chargée de volumes, et prenant des notes, un homme était assis, un peu chauve, le visage placide, la plume à la main et plongé dans son heureuse méditation; il ne releva pas la tête. Un livre était ouvert près de lui. Je glissai un coup d'œil sur le haut d'une page; on y lisait écrits en beaux caractères ces trois mots : *Epistolæ Adriani episcopi.*

Une si profonde solitude auprès de tant de canons!

Heureux homme qui s'occupe des lettres d'Adrien, à trois lieues des Croates!

Une rue, *Contrada di Senato*, me conduisit dans une place ombragée de beaux platanes où parquait un troupeau de bœufs. Il y avait là, liés aux arbres, de ces grands bœufs blancs à cornes formidables qu'on voit par longues bandes dans la campagne de Rome. Dans une allée voisine, une forge était dressée et on ferrait des chevaux d'artillerie.

Une autre rue conduit le voyageur jusqu'à ce pont par lequel l'armée alliée peut, à un moment donné, passer sur la rive gauche du Pô. Toutes les arches en sont intactes. Un fort détachement de troupes piémontaises occupe la tête de pont construite au delà et qui commande la position.

Les artilleurs veillent auprès des pièces chargées, les sentinelles promènent des regards attentifs partout, les glacis sont hauts, les fossés défendus par des abatis d'arbres. La campagne au loin est muette. Un cercle invisible d'ennemis entoure cette tête de pont. Quelquefois la nuit on distingue les feux du bivouac. Quelques pans de mûriers, des vignes, des champs de blé séparent les deux armées qui s'observent comme autrefois deux géants prêts à descendre dans la lice.

Casale a quelque chose d'espagnol dans l'aspect général. De beaux palais, dont les galeries intérieures reposent sur des arcades, s'ouvrent sur de larges rues. Le portique italien en côtoie quelques-unes.

Mais regardez donc une ville quand le canon peut gronder tout à coup! On l'entendait hier à Valenza.

Quand on passe si près de Valenza, c'est bien le moins qu'on s'y arrête, ne fût-ce que pour quelques heures. Une belle place occupe le centre de la ville traversée à toute minute par les soldats des différentes armes qui protégent ce point extrême de la ligne d'opération. Le canon gronde incessamment à Valenza. Les promenades sont interrompues comme les conversations par une détonation, un flocon de fumée blanche s'élève de la rive lointaine, et un peu de terre s'envole dans un champ voisin. N'y prenez pas garde; c'est un boulet qui a manqué son but.

« Maladroit! » dit un artilleur.

Et à son tour il met le feu à sa pièce.

Les batteries placées sur les deux bords du Pô causent entre elles.

La discussion est parfois meurtrière. Malheur à qui se trouve sur le passage des arguments!

De ce point, tout à l'extrémité de Valenza, on aperçoit le pont superbe dont les Autrichiens ont fait sauter deux arches, celles qui touchaient à la rive gauche.

Le fleuve en cet endroit fait un coude; la berge où sont placées les batteries alliées commande la rive défendue par les Autrichiens.— C'était un point stratégique dont le bénéfice a été perdu par la rupture du pont.

Avec de bons yeux, on peut quelquefois distinguer

un habit blanc, là-bas, à quelques centaines de mètres, derrière ces haies et ces peupliers qui abritent les bivouacs autrichiens; mais n'avancez pas trop. Les saules où jadis la Galatée du poète cherchait une retraite sont habités par des chasseurs tyroliens, et l'on sait que dans leurs montagnes ils ne manquent jamais le chamois.

Voilà qui explique pourquoi les villas autour de Valenza sont désertes.

Chose étonnante! il n'a plu qu'une heure aujourd'hui, et, chose plus étonnante encore! il a fait du soleil et presque chaud. Le ciel voudrait-il donner le signal du mouvement offensif? Soyez certain que lorsqu'il commencera, on le poussera vigoureusement.

Hier le prince Napoléon est allé voir l'Empereur à Alexandrie. Le bruit a couru que S. A. I. allait se rendre à Florence.

L'Empereur a visité Valenza et Tortone. Le roi Victor-Emmanuel, accompagné de quatre officiers, a rendu une visite à S. M. dans la matinée.

Les grenadiers, les voltigeurs, les zouaves, les chasseurs et l'artillerie de la garde sont concentrés autour d'Alexandrie. L'armée se replie sur elle-même. On dirait qu'elle va prendre son élan.

La municipalité des places de guerre vient de prendre un arrêté en vertu duquel il est enjoint aux étrangers qui ne sont pas domiciliés depuis deux mois dans la ville d'avoir à quitter dans les vingt-quatre heures le territoire compris dans la zone des fortifications. Est-ce un indice?

Alexandrie, le 21 mai.

Me voici de nouveau dans Alexandrie. L'Empereur visite chaque jour l'une des positions occupées par les divisions de l'armée française, mais le quartier général n'a pas encore été porté plus en avant. Ce temps, qui semble oisif, n'est pas perdu. Les régiments reprennent l'habitude du campement et s'accoutument à vivre sous la tente. Les escadrons se rompent à la marche; les projectiles, les munitions de toute espèce, les approvisionnements arrivent par tous les convois; les parcs d'artillerie se complètent; le nombre des régiments de cavalerie s'accroît de jour en jour, et l'armée, aguerrie, assouplie aux fatigues, sera merveilleusement préparée à une campagne.

La nuit a été superbe; jamais je n'avais vu tant d'étoiles dans le ciel italien. Ce matin le soleil brille;

il y a dans l'air quelque chose qui indique que l'été vient. Encore quelques jours de cette lumière et de ce vent léger, et la terre sera mieux disposée aux marches : les chemins seront praticables à l'artillerie.

L'impatience des Parisiens s'explique ; mais une guerre sérieuse n'est pas une promenade. Il ne faut rien donner à l'aventure et ne rien compromettre : les intérêts sont trop grands pour les exposer. Sur la foi de quelques rêveurs, on nous raconte que là-bas, sur les boulevards, on s'attendait à une victoire pour le 15, puis on l'a remise au 20. Ne parlait-on pas d'entrer à Milan vers cette époque? Mais on ne comptait pas sur les circonstances imprévues, sur la pluie, par exemple, qui met aux opérations un obstacle que le courage et l'obstination ne peuvent vaincre ; on ne mettait pas en ligne les fleuves débordés, les chemins rompus. On ne part pas pour Vérone et Mantoue comme pour le bois de Boulogne. Il faut prendre son parti de la prudence.

Cette victoire qu'on se promet, tout nous présage qu'on l'aura. La forte organisation de l'armée, sa bravoure éprouvée, l'expérience et le dévouement des chefs en sont un sûr garant. Le coup a pu être retardé, il n'en sera que plus terrible.

Le spectacle que présente la grande place d'Alexandrie le soir est l'un des plus curieux qui se puissent voir. Elle est vaste et carrée, avec deux rangées de beaux arbres qui en font le tour. Sur l'un des côtés, en face de la strada Larga, s'élève le Palais-Royal, immense et sombre édifice de briques et de pierres coupé par un balcon au-dessus de la grande porte. Quand on regarde le palais sur la droite de la place, ce grand bâtiment, d'un ton rouge et à volets verts, c'est le théâtre, qui s'appuie sur des portiques. Une centaine de boutiques improvisées campent sous les arbres et sont remplies de mille sortes d'objets que les chalands se disputent : bottes, guêtres, caoutchoucs, portefeuilles, ciseaux, papier, brosses, coutellerie, fil, aiguilles, bretelles, cols, bidons, que sais-je? A tous les coins de rues qui aboutissent à la place, ce sont des cafés ombragés de tentes et de drapeaux aux couleurs de France et de Sardaigne; une chaise n'est jamais vide devant ces cafés, qui gagneront en quinze jours de quoi vivre un an. C'est là qu'on se rencontre, c'est là qu'on cause, c'est là qu'on peste contre le temps.

Sur la place même, allant et venant, fumant et flânant, les officiers et soldats se promènent. Un capitaine des grenadiers de la garde en bottes fortes échange une poignée de main avec un lieutenant de zouaves ; un turco roule entre ses doigts une cigarette qu'il offre à un artilleur; un colonel de hussards allume son cigare au cigare d'un major des voltigeurs; un chasseur de Vincennes passe auprès de deux cent-gardes coiffés du casque à crinière blanche, et de son képi leur effleure le coude; une cantinière du train des équipages frappe sur l'épaule d'un soldat du génie qu'elle a connu au pays. On se reconnaît, on s'aborde, on se cherche. L'un est à Alexandrie depuis huit jours, l'autre est arrivé depuis une heure; celui-là est en quête de son régiment, celui-ci cherche un lit. On s'est quitté à Kamiesh ou à Laghouat, on se retrouve en Piémont. On se divise par groupes ou l'on marche deux à deux.

Çà et là des marchands d'oranges débitent leurs fruits; ils n'en ont jamais assez. Les officiers prennent des sorbets, les soldats croquent des cerises. On est insouciant et tranquille comme si l'on tenait garnison à Périgueux ou à Rouen. Des prêtres, puisant dans de larges tabatières noires, traversent la place gravement; quelquefois de jeunes filles se hasardent à y poser le pied, presque toutes coiffées en cheveux, — des cheveux qui, dénoués, tomberaient sur leurs talons ; — quelques-unes emprisonnent leur front sous des voiles de dentelles blanches qui rappellent les mantilles. Un châle aux vives couleurs les enveloppe. Elles sont comme des colombes au milieu d'une nuée de faucons; mais colombes peu effarouchées, elles sourient aux faucons qui frisent leurs moustaches. Quelle moisson d'œillades et quelle grêle de propos galants!

Cependant la musique militaire joue des fanfares. L'Empereur paraît à son balcon. Les habitants d'Alexandrie poussent des vivats.

La nuit vient petit à petit, la retraite bat, les promeneurs s'éloignent, les cafés se vident, les causeurs échangent un adieu, les cigares s'éteignent, la solitude s'empare de la place, tout bruit meurt.

Avec le matin la scène change. Tous les produits que la campagne piémontaise offre en abondance, on les verse sur la place. C'était hier un camp, c'est aujourd'hui un marché. Les fruitières vantent l'excellence de leurs fraises et de leurs salades à grands renforts de cris. Les brigadiers de corvée font leurs achats et marchandent, dans l'intérêt du corps. On veut bien soigner l'ordinaire, mais il ne faut pas le payer trop cher. Les Marseillais se montrent souvent magnifiques d'aplomb dans ces sortes de circonstances ; sous prétexte que l'Italien est un Provençal corrompu, ils parlent en patois, et leur éloquence triomphe sur toute la ligne. La différence des races se fait sentir dans les plus petits détails : où l'Alsacien et le Flamand délibèrent, le Gascon et le Languedocien agissent. Décidément l'armée autrichienne manque de Méridionaux.

Midi est l'heure de la parade. Les compagnies et les bataillons viennent à l'ordre ; cinquante tambours exécutent des roulements ; les différents postes sont relevés. On voit passer des pelotons de cent-gardes, le sabre au bout du mousqueton ; les petites filles et les petits garçons se mettent de côté et les regardent avec ébouriffement. L'autre jour, une jolie blondine de quatre ans demandait dans son babil italien où l'on faisait faire ces grands soldats.

Heureux âge, où l'on croit que l'Empereur achète ces bons hommes chez Giroux !

Deux éternels sujets de conversation se débattent entre soldats qui flânent : les Autrichiens et la galanterie. Hors de là, point de salut. Écoutons un peu en passant.

Un artilleur : — On dit que les Autrichiens sont blancs comme Pierrot. J'ai un canon qui les fera rire jaune. (Rire dans l'auditoire.)

Un grenadier : — Elle est jolie comme les amours ! (Là un soupir en point d'orgue.)

Un chasseur de Vincennes : — Quels intrigants que ces Croates ! Pas moyen de savoir comment c'est fait. (Murmures d'indignation parmi les camarades.)

Un hussard : — Cré nom ! des cheveux de quoi mettre une crinière à mon cheval ! (Geste spontané d'admiration.)

Un tambour : — J'ai les doigts qui me démangent de battre un *fla* et un *ra* sur les épaules d'un Kainserlick. (Mouvement général d'approbation.)

Un zouave : — Et des yeux plus grands que la bouche ! (Frémissement sur toute la ligne avec chœur en sourdine de *oh ! ah ! diable ! sacrebleu !*)

Quelquefois les causeurs portent des jugements sur leurs généraux avec une verve toute militaire. Ces appréciations manquent de style, si elles ne manquent pas de couleur. Un caporal des turcos jurait, entre deux bouffées de tabac, qu'il n'y avait pas de meilleur général que le sien. — Un général *chic!* disait-il.

Un brave Hollandais qui passait par là, et qui parle le français honnêtement, lui demanda d'un air timide ce qu'il entendait par ce mot.

« Un général *chic!* parbleu! cela se comprend, dit le turco.... C'est un général *chouette!* »

Et il s'éloigne ravi de son explication.

Le Hollandais le regarde, se gratte le front, soupire et cherche encore.

Pardonnez-moi ce détail. Ces messieurs ne se piquent pas d'être grammairiens. Ils jetteraient par terre un bataillon d'Autrichiens plus vite qu'ils ne mettraient une phrase sur ses pieds.

Si maintenant on parcourt la ville, l'animation et le mouvement ne cessent pas. Chaque maison loge plusieurs officiers. Disons en passant qu'ils ont été reçus à bras ouverts. Là, comme à Gênes, les propriétaires ont été d'une bonne grâce et d'un empressement qui témoignent de leur bon vouloir. La veille on était étrangers, demain on se séparera amis. Des liens se forment dans ces courtes relations de quelques jours, auxquelles les circonstances prêtent un caractère particulier. On s'apprécie et on se regrette.

Les auberges sont comme des caravansérails. Pas un cabinet où l'on n'ait dressé un lit sur quatre planches. Au commencement, messieurs les aubergistes voulaient imiter les muletiers de Gênes. On ne pouvait demander un prix trop cher d'une chambre qui allait avoir l'honneur de loger un héros de l'armée de l'indépendance. L'exaltation aidant, et chacun rivalisant avec l'enthousiasme de son voisin, les chambres de 20 sous valaient 20 francs. Mais voilà que le grand prévôt de l'armée est intervenu, et, grâce aux soins, à la vigilance et à l'équité de M. le colonel de Vernon, il a été permis aux voyageurs de trouver un abri honnête. Les hôteliers peuvent encore gratter, mais non plus écorcher.

Quant à la table, elle est dressée en permanence. Les déjeuners ne sont pas finis que les dîners commencent. L'un prend son café du matin quand l'autre avale sa soupe. Tout dépend de l'appétit et de l'heure du service, jamais une place ne chôme autour de la nappe. Ce sont les fameuses noces de Gamache, un peu plus maigres cependant. L'impatience française faisant irruption à toute seconde, on n'entend que le bruit des couteaux frappant sur les verres et les assiettes. On n'en sert pas plus vite ; mais plusieurs garçons, dérangés dans leurs habitudes, deviennent fous.

Une chose, par exemple, qui ne cesse pas d'étonner l'impétuosité française, c'est le flegme imperturbable des hôteliers italiens et de leurs garçons. On n'est pas plus tranquille à Bergopzoom ou à Lubeck. Si pressé qu'on soit, ils n'ont qu'un mot, un seul pour réponse unique, et Dieu sait s'ils en abusent! On crie, — *un momento, signor*, répliquent-ils. On se fâche, — *un momento!* On s'emporte, — *un momento!* On frappe du pied, — *un momento!* Et ils se hâtent de plus en plus lentement.

Ce qui est une vérité à l'*albergo de l'Europa* et à l'*albergo di Parizi* en est une aussi à l'*albergo dell Aquila nera* où j'ai émigré. Cette auberge, qui ne promet qu'un aigle, en a trois : un superbe tout noir, quoique un peu outragé par les injures du temps, peint sur l'enseigne ; un second en pierre, tout blanc, sculpté en ronde-bosse au-dessus d'une fontaine; et un troisième en vie, roux ou marron, qui saute et bat de l'aile, enchaîné par la patte sur un perchoir, dans la cour.

Ce pauvre oiseau m'a rappelé l'éternel vautour du pavillon d'Henri IV, à Saint-Germain. Où diable la ressemblance va-t-elle se nicher! C'est la seule, du reste, que j'aie à signaler entre ces deux établissements.

Si la Lomelline manque de bœufs, dit-on, grâce aux Autrichiens, la province d'Alexandrie va manquer de poulets, grâce aux Français. On n'en voit plus qu'à la broche. C'est le massacre des innocents; on ne respecte ni l'âge ni le sexe. — « Des poulets qui tettent encore ! » disait un sergent de voltigeurs en regardant les pauvres petits volatiles dont il venait de faire l'emplette au marché pour la table de son colonel.

Et comme ces malheureuses bêtes ont conscience du danger qui les menace! Celles qu'on rencontre par hasard dans la campagne se sauvent dès qu'elles aperçoivent les pantalons garance.

Et à propos de poulet, hier matin, en passant le long d'un vieux mur contre lequel les chasseurs de la garde ont établi leurs cuisines provisoires faites de quatre briques, le chef de l'établissement me faisait admirer son pot-au-feu dont les parfums caressaient l'odorat. Mais voilà qu'au milieu des carottes et des poireaux qui dansaient dans la marmite en ébullition, j'avise les pattes et la tête d'une paire de coqs qui faisaient la cabriole. J'interroge du regard et du doigt le cordon bleu en épaulettes de laine. Il cligne de l'œil.

« Ils s'étaient perdus! me dit-il.... Des coqs sans asile ! »

J'ai certainement une grande foi dans l'orthodoxie de messieurs les chasseurs de la garde; mais j'ai grand'peur que ces poulets qu'on faisait cuire en pays chrétien ne soient pas très-catholiques.

Ici, comme à Casale, les églises ont été prises pour

les besoins du service. La première qu'on rencontre sur la droite en venant du chemin de fer est un magasin à fourrages; une autre est remplie de barriques de café et de caisses de sucre. Voici la *vicolo della cattedrale*. Suivons-la pour voir le monument assis sur une petite place. La nef, le chœur et les bas côtés sont remplis de pains et de biscuits. La cathédrale, placée sous l'invocation du prince des apôtres, *apostolorum principi*, est une manutention.

Un grand bâtiment en construction à côté du Palais-Royal, et qui n'a encore ni portes ni fenêtres, sert de caserne aux grenadiers de la garde. On s'est logé où l'on a pu.

Il est impossible, à moins de l'avoir vu, de se faire une idée exacte de ce que c'est qu'une armée de 150 000 hommes en campagne et de l'effroyable quantité de choses dont elle a besoin et qu'elle traîne après elle. Que de vivres! que d'approvisionnements! que de munitions! que de paires de souliers, de pantalons, de capotes, de chemises, de képis, d'ustensiles et d'outils de tout genre! quel matériel immense et que de voitures pour charrier tout cela! On rencontre partout sur la route des charrettes timbrées d'une plaque de zinc portant ces mots : *Train auxiliaire, armée française,* avec un numéro d'ordre. Leurs longues files, conduites par des charretiers ornés d'un brassard rouge, occupent souvent deux ou trois kilomètres; l'un de ces chariots, tous attelés de deux chevaux, passait tout à l'heure devant moi : il portait le numéro 891, et l'on peut supposer que ce n'est pas le dernier, et la meilleure preuve que j'en puisse donner, c'est qu'en rentrant pour écrire j'ai croisé le numéro 1127.

On ne saurait trop admirer l'intelligence et l'activité du corps de l'intendance qui met de l'ordre dans ce gigantesque service et pourvoit à tout.

Continuons, s'il vous plaît, notre promenade. Voilà que dans la *strada delle Scuole* une fumée odoriférante s'élève en spirale. D'honnêtes grenadiers coiffés du bonnet à poil, — c'est un peu chaud au soleil, mais la nuit ça sert d'oreiller, me disait l'un d'eux, — font griller le café du régiment dans d'énormes rôtissoires qu'ils tournent méthodiquement sur des fourneaux en plein vent.

Sur cette place, voisine du pont jeté sur la Bormida, ces hennissements vifs nous annoncent un quartier de cavalerie. Les chasseurs à cheval de la garde s'abritent sous des hangars faits à la hâte ; les hommes couchent sur la paille auprès de leurs amis les chevaux arabes. Dans un coin, un atelier de tailleurs, en bras de chemise, coud activement. Les chasseurs ont remplacé le sabre par l'aiguille. L'un d'eux chante :

> Nous avons pris arm's et bagages ;
> Pour ma part j'ai deux ball's dans l' dos !

Je plains ceux qui ne connaissent pas cette chanson ; je n'en sais guère d'un tour plus charmant, plus mélancolique et plus attendrissant. Elle est de celles qui doivent faire pleurer quand on les entend à deux mille lieues de son pays.

Nous voici *strada del Carmine*. Il y a dans cette rue une *fornarina* qui plaît singulièrement au 4ᵉ hussards. Il y a toujours quelqu'un de ces messieurs autour de la boulangerie. La fornarina n'en paraît pas offusquée.

Vous dirai-je à présent que l'état sanitaire de l'armée est excellent? On découvre à peine deux ou trois malades par régiment. L'impatience du combat entretient la santé.

Hier dans la nuit, à deux heures, l'Empereur a quitté subitement le Palais-Royal et a fait une pointe vers Casale dont il a passé le pont. Sa Majesté s'est avancée à une certaine distance sur la rive gauche du fleuve, du côté des avant-postes autrichiens. A six heures, l'Empereur était de retour à Alexandrie.

On échange toujours des boulets et des balles des deux rives du Pô. Les bersaglieri répondent aux chasseurs tyroliens. Nos chasseurs de Vincennes ont brûlé quelques cartouches. Leur terrible réputation d'adresse ne s'est pas démentie.

Verceil a été abandonné par les Autrichiens, comme l'avait été Voghera.

Le départ du prince Napoléon pour Florence se

confirme. Son corps d'armée, porté à 35000 hommes, agirait en Toscane, où il trouverait comme auxiliaires les troupes du général Ulloa. Déjà plusieurs régiments se sont embarqués à Gênes pour Livourne.

Les Autrichiens auront nos baïonettes en face et sur les flancs.

Chose étonnante ! le temps est magnifique.

Turin, le 21 mai, quatre heures.

Je venais de jeter ma lettre d'Alexandrie à la poste, lorsqu'en arrivant ici une dépêche télégraphique nous apporte la nouvelle que les hostilités ont commencé. Ah! l'heure n'est plus où l'on pouvait rire et plaisanter, et suivre au courant d'une promenade les fantaisies de l'esprit. Voilà que le coup de tonnerre est parti : le sang a coulé.

Hier, pendant que la musique jouait sur la place d'Alexandrie, par un clair soleil, à quelques lieues de nous, en avant de Voghera, une division de 20 000 Autrichiens a pris l'offensive en attaquant Casteggio et Montebello.

Cette position était occupée par le régiment de cavalerie sarde Montferrat, de la division Sonnaz. Le maréchal Baraguey-d'Hilliers, prévenu, a donné ordre à la division Forey de se porter en avant. Le mouvement de ces soldats a rappelé leur élan d'Inkermann et de Traktir. Abordés résolûment, les Autrichiens ont bravement soutenu le choc ; mais la baïonnette a eu raison de leur résistance. Repoussés avec d'énormes pertes, après six heures de combat, ils ont dû battre en retraite sur toute la ligne, abandonnant Montebello et 200 prisonniers parmi lesquels se trouve un colonel.

Cette première affaire sérieuse donne en quelque sorte la mesure de ce que sera cette guerre. La victoire nous restera comme elle nous est restée, mais bien des braves gens la payeront de leur vie. La liste de nos pertes vous dira combien la rencontre a été chaude et le terrain disputé : 500 hommes sont restés par terre, morts ou blessés, couchés auprès de 12 ou 1500 Autrichiens. La cavalerie sarde, au secours de laquelle nous avons volé, a perdu le colonel Morelli, mortellement blessé. Un général français, le général Beuret, a marqué de sa mort cette première étape de nos victoires. A côté de lui est tombé pour ne plus se relever le commandant Duchet. Nous comptons cinq officiers supérieurs parmi les blessés ; les colonels Guyot de Lespart, de Bellefonds, Conseil-Dumesnil, et les commandants Lacretelle et de Férussac.

Le général Forey a mené ses régiments à l'attaque avec une extrême vigueur, et nos bataillons ont couru au feu avec un entrain et un courage qui ont rendu vaine l'obstination des Autrichiens. La cavalerie sarde a fait merveille.

Maintenant la grande guerre est commencée.

Ce qui peut expliquer ce mouvement offensif de l'ennemi, c'est la présence de l'empereur François-Joseph à Pavie où l'on raconte publiquement ici qu'il est arrivé.

Maîtres du pont de Stella qu'ils ont fortifié, les Autrichiens peuvent menacer Voghera à volonté.

Ils ont en ce moment vingt ponts jetés sur le Pô pour assurer leur attaque ou leur retraite. Leur quartier général est toujours à Mortara.

Le général Garibaldi, qui était l'autre jour encore à Biella, au-dessus de Verceil, s'est porté à marches rapides sur Arona. Il va agir aux environs du lac Majeur, sur l'extrême droite des Autrichiens, qu'il tournera.

La division Durando, de l'armée piémontaise, a occupé Verceil.

L'attaque des Autrichiens sur Casteggio ferait croire que leur intention est de défendre énergiquement la ligne entre Pavie et Plaisance. C'est sur ce point d'ailleurs que le gros des deux armées est en présence.

Trois semaines nous séparent du 14 juin; la plaine de Marengo a revu le drapeau tricolore; l'année 1859 ne nous sera pas moins propice que la première année du siècle.

La nouvelle du glorieux combat de Montebello — il y a des noms qui portent bonheur — a produit une profonde sensation ici. L'enthousiasme est partout. On s'arrache les bulletins, on cause par groupes, on crie victoire.

P. S. Six heures. Je rouvre ma lettre pour vous envoyer les derniers détails que j'ai pu recueillir aux meilleures sources. Le régiment de cavalerie de Montferrat, qui occupait les positions attaquées par les Autrichiens, ne comptait pas plus de 600 hommes. Ces braves soldats ont donné le temps à la division Forcy d'arriver. 6000 Français se sont jetés sur 20 000 Autrichiens. Le combat a été terrible, la mêlée furieuse ; enfin les Autrichiens ont dû lâcher pied, abandonnant Montebello. Mais les hauteurs de Casteggio sont encore en leur pouvoir. De grandes flammes qu'on apercevait hier soir dans cette direction laissent à supposer que le bourg est en feu.

On assure que c'est à la présence de l'empereur François-Joseph, qu'on doit, comme je vous le disais plus haut, ce mouvement offensif. L'empereur d'Autriche est accompagné du général baron de Hess, la meilleure tête militaire de l'empire.

En apprenant que les hauteurs de Casteggio, qui couronnent en les commandant les deux routes de Plaisance et de Pavie, n'étaient pas occupées, le vieux compagnon d'armes de Radetzki a déclaré qu'il fallait s'en emparer à tout prix. La main du maître se fait sentir, et ce n'est plus le comte Giulay qui commande.

Sardes et Français ont rivalisé d'ardeur; ils se battaient un contre trois.

On assure que la division Cialdini, avec 12,000 hommes, tente de passer la Sesia au-dessus de Verceil. Le feu est engagé sur toute la ligne. Le général Mac-Mahon aurait, dit-on, réussi à jeter une partie de son corps d'armée sur la rive gauche du Pô, mais ce n'est qu'un bruit très-certainement prématuré.

Une dépêche arrivée ce matin à Turin annonce que le colonel Morelli, de la cavalerie sarde, grièvement blessé hier, a succombé dans la nuit.

350 hommes de la brigade Collinière sont débarqués le 18 à Livourne, pris à Gênes, par le *Sahel*. Le prince Napoléon s'embarquera lundi pour la Toscane.

Les grandes opérations sont commencées.

Turin, le 22 mai.

Le combat du 20, cette bataille de Montebello, deuxième du nom, comme on l'appelle, fait le sujet de tous les entretiens. Elle ouvre heureusement les opérations, et ce premier pas dit assez quel sera l'élan de nos soldats.

Permettez-moi de revenir sur ce brillant épisode et de joindre quelques nouveaux détails à ceux que je vous ai adressés hier. Je ne crois pas que rien puisse être plus intéressant pour vos lecteurs.

Divers bruits ont circulé sur la cause première de cette rencontre. On a dit que les gardes nationaux de Casteggio s'étaient barricadés chez eux et avaient repoussé une forte patrouille autrichienne à coups de fusil. Une colonne s'était alors avancée pour châtier les habitants du village qui avaient envoyé leur syndic pour réclamer la protection des alliés. C'est alors que la cavalerie piémontaise de la brigade du général Sonnaz aurait pris position. Attaquée à son tour par une force infiniment supérieure, elle aurait été appuyée par la division du général Forey.

Cette version, que je reproduis en qualité de narrateur, donnerait au combat de vendredi le caractère d'un incident comme il s'en produit souvent à la guerre. Mais la composition des colonnes ennemies, leur nombre, leur ténacité à se maintenir à Montebello, tout fait croire à un plan conçu d'avance. L'opinion que la main du feld-maréchal Hess a tout conduit est la mieux accréditée.

Vous savez par le bulletin que c'est à onze heures que l'affaire a commencé ; à cinq heures du soir, le feu durait encore. La cavalerie sarde se composait en tout de six escadrons, forts de cent hommes à peu près par escadron : quatre du régiment des chevau-légers de Novare, commandés par le chevalier de Boyl, deux du régiment de Montferrat, commandés par le colonel Morelli.

Cette poignée d'hommes a vaillamment soutenu l'effort d'une armée pendant plus d'une heure. Électrisés par leurs chefs qui partout payaient d'exemple, ces vaillants soldats sont revenus six fois à la charge, rompant à chaque fois les têtes de colonnes autrichiennes. C'est dans l'une de ces charges que le colonel Morelli est tombé.

Deux officiers du régiment de Novare ont été

blessés : le capitaine Piola et un Français, M. de Coréolis, qui sert dans l'armée sarde avec le grade de lieutenant.

C'est à ce moment que la division Forey s'est montrée ; les régiments arrivaient au pas de course et se sont élancés la baïonnette en avant sur la position occupée par les habits blancs. Il a fallu prendre et reprendre Montebello, défendu avec acharnement par 20 ou 22 000 hommes auxquels on ne pouvait opposer qu'une force totale de 5 à 6000 soldats, sabres et fusils.

Mais on s'est souvenu de l'arme terrible de l'infanterie française. On s'est précipité tête baissée dans les rues du village, au milieu des jardins, des vergers ; on a pris les maisons d'assaut, et la baïonnette a fait son œuvre de destruction. Comme à Constantine, comme au mamelon Vert, comme à Malakoff, les officiers marchaient les premiers, l'épée haute, criant le mot français, le mot des batailles : *En avant!* et toute résistance était brisée. Cet élan vous explique la perte relativement considérable qu'a faite le corps des officiers. Ils ont été bien vengés ! les rues du village étaient jonchées de cadavres autrichiens ; certaines maisons en étaient remplies.

— Nous entrions noirs de poudre, nous sortions rouges de sang, disait un blessé qui s'était battu jusqu'au bout.

Les Autrichiens, chassés du village, s'étaient retranchés dans un cimetière. On les y a abordés à l'arme blanche, par-dessus les murs. Que de morts couchés sur des morts! Rompus, brisés, poursuivis, les Autrichiens ont dû battre en retraite, laissant le champ de bataille au pouvoir des Français.

Contrairement au bruit qui circulait hier au soir, ils ont également évacué Casteggio. Massés sur la route de Pavie, ils ont repassé le Pô au pont de Stella.

Maintenant peut-être les Autrichiens commencent-ils à croire à la présence des Français dans le Piémont.

Que ne peut pas un pouvoir absolu! Jusqu'à la dernière heure les généraux autrichiens, obéissant à des ordres supérieurs, ont dit et répété à leurs soldats que la brigade de Savoie et les chasseurs de Garibaldi avaient pris le pantalon garance pour les tromper. Et telle est la persévérance de ce mensonge, unie à l'impossibilité de faire pénétrer une lettre ou un journal en Lombardie, que beaucoup d'ennemis sont encore persuadés à l'heure qu'il est que l'armée française n'a pas quitté l'Afrique et Lyon.

Dernièrement encore la *Gazette de Venise*, parlant des journaux de Gênes qui annonçaient le débarquement des premiers bataillons français, les raillait agréablement et ajoutait que chacun savait que ces prétendus bataillons se composaient de volontaires qui allaient rejoindre Garibaldi.

On parle d'un rapport officiel qui rend un hommage éclatant à la valeur brillante de la brigade de Sonnaz. Les deux armées sont dignes de combattre à côté l'une de l'autre.

Le colonel Morelli, si fatalement atteint, est un homme de quarante-trois ans. Il avait été chargé, il y a deux ou trois mois, par son gouvernement, d'une mission en Angleterre pour la remonte de la cavalerie, et passait pour l'un des meilleurs officiers de son arme.

Le colonel de Boyl, des chevau-légers de Novare, quoique toujours au premier rang, n'a pas été blessé.

Le général de Sonnaz, capitaine en 1848, a la réputation d'un officier aussi brave que déterminé. Dans une des batailles où les armes piémontaises se signalèrent à cette époque, il exécuta, à la tête de son escadron, une charge si audacieuse et si brillante, que tout le monde s'en souvient encore.

Le bruit court qu'un bataillon de chasseurs de Vincennes engagé dans cette affaire, a eu tous ses officiers atteints, sauf un. Dieu veuille qu'il y ait de l'exagération dans ce bruit!

Tout à l'heure je vous ai parlé de Garibaldi, et hier je vous annonçais son départ pour Arona. Laissez-moi revenir sur cette figure originale qui a su conserver son individualité dans un temps où si peu de physionomies sont en relief.

La terreur que Garibaldi inspire aux conscrits autrichiens tient de la superstition. C'est l'effet du loup-garou sur les enfants. Aussi longtemps qu'il est resté à Caviglia, les reconnaissances de l'ennem n'ont pas été bien loin : on aurait pu le rencontrer. Aussitôt qu'on a eu l'assurance qu'il était à Biella, les partis de cavalerie et les patrouilles se sont avancés jusqu'à Santhia.

Amis et ennemis, tous proclament la bravoure de Garibaldi. De ce côté-là on peut l'égaler, mais personne ne le surpasse. Ses soldats savent qu'il est toujours le premier au feu. Tous le suivent avec une confiance aveugle. C'est à qui voudra servir sous ses ordres; mais Garibaldi choisit ses hommes. Tel est le prestige de son nom qu'à Brescia 4000 jeunes gens sont, dit-on, inscrits pour marcher à sa rencontre et se joindre à lui aussitôt qu'il paraîtra. Ce qui est vrai pour Brescia l'est aussi pour d'autres villes.

D'une intégrité absolue et d'une loyauté parfaite, Garibaldi ne souffre pas la moindre infraction à la discipline qu'il a établie parmi les siens. Cette sévérité est excessive. Alors qu'il était à Savigliano, organisant son petit corps d'armée, on a eu toutes les peines du monde à l'empêcher de faire fusiller un volontaire romagnol qui avait dérobé une bague de la valeur de 3 francs.

Ceux qui l'ont approché disent de lui que c'est un gentleman. Il s'exprime très-bien en français.

La nouvelle que la division du général Cialdini a passé hier la Sesia en avant de Verceil, est aujourd'hui officielle. Encore de ce côté-là, les Autrichiens ont été repoussés avec des pertes réelles. La campagne commence pour eux sous de tristes auspices. Le régiment de Nice-cavalerie, dans lequel M. le duc de Chartres sert en qualité de lieutenant et qui a longtemps campé à San Germano, aux extrêmes avant-postes, a suivi le mouvement du général Cialdini.

Le bruit s'est répandu ce matin que les généraux Niel et Mac-Mahon avaient franchi le Pô sur deux points. Je renonce à vous peindre l'état d'anxiété des esprits ; mais rien ne saurait vous donner une idée de l'ordre qui règne partout dans ce pays, où le respect de la monarchie s'allie à un sentiment très-vif de la liberté ; les gendarmes eux-mêmes sont à la guerre, et la tranquillité n'est troublée nulle part. La loi gouverne.

Au moment de fermer ma lettre, j'apprends que l'on commence à douter ici de la présence de l'empereur François-Joseph à Pavie. Peut-être en saurai-je davantage à Voghera, où je vais me rendre.

P. S. C'est une dépêche envoyée de Lugano qui avait fait croire à l'arrivée de l'empereur d'Autriche sur le théâtre de la guerre. Le fait est faux.

Il vous souvient de la fin de l'ordre du jour adressé

par le général Forey à ses soldats en leur annonçant qu'ils auraient peut-être l'honneur de marcher les premiers contre les Autrichiens : « Vos pères les ont toujours battus, vous ferez comme eux, » disait-il.

C'était une parole prophétique. Elle ne sera plus démentie.

L'Empereur doit, à Tortone, descendre au palais du comte Garofolo, où le Premier Consul a couché, peu de jours avant la bataille de Marengo. La famille du comte a toujours conservé une carte qui servit au grand capitaine, et qu'il oublia sur sa table en partant. Le propriétaire actuel compte l'offrir au général en chef de l'armée française.

Alexandrie, le 23 mai.

On sent à un je ne sais quoi répandu partout que l'atmosphère est pleine de poudre. Quelque chose de grave et de fiévreux est dans Alexandrie qui n'y était pas lors de mon premier séjour. Le passage du Pô est toujours la grosse affaire, celle dont tout le monde s'occupe : c'est là que les deux armées se rencontreront face à face. Cette opération fait le sujet de tous les entretiens ; et bien que chacun ne doute pas du succès, personne ne se dissimule les difficultés de l'entreprise. On sait que si le soldat autrichien n'est pas alerte dans ses mouvements, il est solide en ligne et patient sous le feu. Mais nous avons pour nous la fortune de la France.

Toute la nuit s'est passée hier en mouvement. Les chevaux de l'Empereur, tout sellés, ont attendu jusqu'au matin au chemin de fer. Les généraux, en uniforme et bottés, étaient prêts à partir à la tête des divisions qui avaient ordre d'être sur pied. Les officiers d'état-major, lancés dans toutes les directions, allaient en reconnaissance sur le front de nos différents corps d'armée. Des trains express emportaient vers Tortone et vers Pontecurone de l'artillerie et du matériel.

Le bruit courait que le maréchal Baraguey-d'Hilliers était aux prises avec l'ennemi à Voghera, menacé par de fortes colonnes. On assurait encore que le roi Victor-Emmanuel en personne avait fait un mouvement en avant de Casale, sur la rive gauche du Pô, où les Autrichiens lui tenaient tête. Et comme si ce n'était pas assez, on ajoutait que la division Cialdini avait poussé jusqu'à Novare, et que la canonnade était incessante du côté de Valenza. C'était le feu partout à la fois, le feu sur toute la ligne.

Voilà ce qu'on croyait à six heures, voilà ce qu'on affirmait à sept, voilà ce dont on a un peu douté à neuf, et voilà ce qui était démenti plus tard. A midi, il n'y avait plus rien.

On a renvoyé les chevaux à l'écurie; on a fait rentrer les régiments, et les aides de camp ont eu le droit d'aller dormir un peu. Mais ce qui a été une alerte sans résultat ce matin peut être une terrible réalité demain. On est trop près pour ne pas se heurter.

Hier, sur le chemin de fer de la ligne de Turin à

Gênes, à Asti, j'ai rencontré, à six heures du soir, une batterie du 15ᵉ régiment d'artillerie qui avait passé à Suze à une heure. Elle se dirigeait vers Alexandrie à toute vitesse. La veille, un équipage de pont qui arrivait de Strasbourg avait traversé Turin après avoir passé le Mont-Cenis. Cinq cents chevaux avaient traîné les bateaux et le matériel qu'un convoi de trente-sept wagons, attelé de deux locomotives, remorquait vers le quartier général.

A mesure que les régiments de cavalerie arrivent, on les envoie aux différents corps d'armée. Ceux de la garde commencent à entrer en ligne. L'artillerie divisionnaire est au complet.

Elle a bravement combattu à Montebello, où une seule batterie a été engagée; la nature du terrain n'a pas permis aux trois sections à la fois de prendre part à l'action.

La cavalerie sarde a montré une obstination qui a été bien souvent fatale aux Autrichiens. Décimée par le feu elle est revenue six fois à la charge. Les chevaux n'allaient plus que les hommes frappaient encore. Un seul escadron a eu 56 chevaux atteints sur 120.

Un Piémontais à barbe grise est arrivé après la bataille de Montebello pour voir son fils blessé d'un coup de feu à la main. Comme il sortait de la maison où le jeune cavalier avait été porté, on l'interrogea sur la blessure.

— Oh! une égratignure, dit-il; il faudra lui couper le poignet.

C'est le langage des vieux Romains.

Cette ardeur, cet élan, cette volonté énergique et froide vous disent avec quelle impétuosité la guerre sera menée. Il semble que chaque soldat qui porte la croix blanche de la maison de Savoie à son shako ait une querelle personnelle à venger. Ce n'est plus l'armée, c'est la nation qui se bat.

Le colonel autrichien fait prisonnier a succombé.

On raconte que l'Empereur, qui a voulu le voir par courtoisie, l'a reconnu. Le colonel avait été l'an dernier présenté par M. de Hübner aux Tuileries. Étrange fortune! L'ambassadeur est parti, sa fille est devenue Française, et le colonel a trouvé la mort à Montèbello!

J'ai vu quelques-uns de nos blessés à l'hôpital Sainte-Catherine. Les soins ne leur manquent pas. La gaieté gauloise les aide à supporter ces rigueurs de la bataille; les moins gravement frappés trouvent la force de faire des calembours, et leurs camarades sourient. Il y a là un caporal de voltigeurs qui a un don merveilleux de loquacité. Il eût été feuilletoniste s'il n'avait été caporal. Aussitôt qu'il ouvre la bouche, on se tait et on écoute. Toutes ses histoires commencent invariablement par ces mots : *Pour lors....*

Ce *pour lors* a le don de suspendre toutes les conversations, toutes les plaintes. Combien de romanciers pourraient-ils en dire autant?

Il y a quelque chose de touchant dans le silence et l'attention de ces pauvres soldats dont les têtes alanguies se tournent vers le narrateur. L'un sourit à demi, par avance, comme un enfant qui s'apprête à écouter une histoire qu'il sait par cœur et qui le ravit toujours; l'autre étouffe un gémissement; un autre encore ouvre des yeux tout grands où, sous le voile de la souffrance, se rallume une étincelle.

« Mon caporal a une balle tyrolienne dans l'épaule! — un rien, » dit-il.

L'heure triste a été l'arrivée des blessés à la gare du chemin de fer. Il faisait nuit, des torches éclairaient la voûte, de chaque wagon sortaient lentement des formes indécises; celles-ci roides et portées à bras, d'autres animées. Tout soldat qui pouvait marcher tenait à honneur de garder son sac et son fusil. Ils restaient fièrement debout, l'arme au pied, attendant les fourgons. Le silence était profond. Pas un cri, pas une plainte. A voir ces hommes immobiles, on aurait pu croire qu'ils revenaient d'une promenade; mais là une capote était trouée, ici une buffleterie avait perdu sa couleur; ailleurs un képi cachait mal un bandage tacheté; plus loin un mouchoir s'enroulait autour d'une jambe un peu tremblante ou soutenait un bras.

Un grenadier s'appuyait contre le mur, le visage contracté, les deux mains croisées sur le fusil, la tête basse. On lui demanda ce qu'il avait.

« C'est que mon pays est mort ! dit-il. »

Quant à lui, il avait quatre blessures et n'en parlait pas.

Un sergent-major en a dix-sept. L'Empereur a pris son nom.

D'autres blessés, évacués de Voghera, sont arrivés aujourd'hui à Alexandrie.

Les dames de la ville et des localités voisines leur ont envoyé par masses des corbeilles d'oranges. Quant à de la charpie, il y a déjà trois mois qu'on en prépare des montagnes partout.

Au moment où je vous écris, les renseignements fournis par les officiers envoyés en reconnaissance sur différents points s'accordent à dire que le Pô ne mesure pas moins de 500 mètres de largeur. Il est grossi, il est vrai, par de longues pluies, mais on ne pense pas qu'il en mesure jamais moins de 250. C'est à peu près la largeur du Rhin au pont de Kehl.

Voulez-vous un détail qui a un côté pittoresque?

On a saisi à la poste de Turin cinq ou six lettres adressées par des personnes de Vienne à des officiers de l'armée autrichienne.... oui, autrichienne. L'enveloppe portait ces deux mots, écrits en allemand, une fois ou deux en français : *Bureau restant*. Toutes ces lettres témoignaient d'une foi naïve dans la prochaine et triomphale entrée des armes impériales et royales dans la capitale du Piémont.

L'une d'elles, écrite évidemment par une femme à son mari, plaignait beaucoup le pauvre officier, un baron, ma foi! de toutes les fatigues qu'il avait dû endurer dans un pays où la pluie tombait à flots. Ah! que de boue! disait-on; au moins n'avait-on pas de rhumes? Elle se terminait par ces mots : « Mais à présent que te voilà à Turin, les palais vont te faire oublier les ennuis de la tente; repose-toi bien.... mais ne regarde pas trop les Turinoises.... on les dit si jolies! »

Puis en post-scriptum il y avait ces quatre mots: « Notre fille va bien. »

L'officier autrichien n'est pas à Turin : peut-être était-il à Montebello!

Hier l'Empereur a assisté à la représentation du théâtre municipal d'Alexandrie. Sa Majesté avait le syndic de la ville à sa droite. Toute la salle s'est levée à son entrée.

Alexandrie, le 24 mai.

Il était, hier soir, six heures et demie. On se promenait par un temps clair sur la grande place. La journée avait été pleine d'émotions inutiles. On causait des bruits qui avaient circulé, lorsque tout à coup un flot de peuple se précipite sur la place, curieux, avide, haletant. On se presse, on se pousse ; beaucoup de tumulte et pas de bruit ; seulement une rumeur sourde partout. Un mot frappe mon oreille : *Austriaci !* Je regarde.

Quatre chasseurs à cheval, le sabre nu, sortaient de la via Larga. Ils précédaient deux voitures derrière lesquelles marchait une file de soldats sans armes, vêtus d'une casaque de grosse toile blanche et d'un pantalon bleu ; d'autres chasseurs à cheval flanquaient la colonne ; c'étaient quelques-uns des vaincus de Montebello.

Tous ces prisonniers étaient jeunes, pauvrement habillés et coiffés d'un méchant bonnet ou d'un petit shako couleur de cendre; plusieurs avaient la capote militaire roulée et suspendue en sautoir; quelques-uns portaient ce pantalon collant et ces bottines lacées que tant de gravures ont popularisés à Paris. Dans la première voiture, deux officiers étaient assis; l'un d'eux, à demi couché et la tête comme ensevelie dans un coin entre ses bras, ne laissait voir que ses jambes. L'autre, immobile, droit, se montrait en plein, et promenait partout un regard fier et triste. On voyait sur le collet de son habit les étoiles d'argent, indices de son grade.

La seconde voiture, une charrette, contenait sept ou huit hommes assis sur la paille, des blessés peut-être, et derrière venaient leurs camarades, silencieux, fatigués, tout poudreux. Un grenadier de la garde qui était au nombre des curieux s'est tout à coup avancé vers l'un des prisonniers et lui a frappé amicalement sur l'épaule en appuyant ce geste de quelques paroles allemandes.

Aux sons de la langue maternelle le prisonnier a tressailli. Quel sourire sur sa figure! Il a tendu ses deux mains à l'Alsacien. C'était comme un coin de la patrie perdue qui s'ouvrait pour lui.

Vous le dirai-je? le cœur m'a sauté dans la poitrine. Je ne sais pourquoi je ne pouvais détacher mes yeux de ce cortége qui s'avançait lentement sous les regards avides d'une multitude qui s'agitait confusément, et malgré moi je pensais que d'autres prisonniers passeraient un jour peut-être dans une ville étrangère, au milieu d'une foule ennemie, et que ceux-là porteraient la capote grise et le pantalon garance! A Dieu ne plaise que cette épreuve soit infligée à nos soldats! Mais une victoire même a ses hasards malheureux. J'ai senti une sorte d'angoisse indéfinissable dans tout mon être; des larmes me sont venues aux yeux, et je me suis éloigné.

L'Empereur, attiré par cette rumeur qui grondait sourdement sur la place, a paru à une fenêtre et a vu les prisonniers. Un quart d'heure après, il a fait remettre 10 francs à chaque soldat et 100 francs à chaque officier. Tous les soins, tous les égards compatibles avec leur situation ne leur manqueront pas.

Une heure ou deux après, le dernier convoi des blessés du combat de Montebello arrivait à la gare. J'ai vu descendre les uns après les autres, Français, Piémontais, Autrichiens, et parmi eux le colonel Dumesnil, frappé légèrement au-dessus du sourcil et ferme sur ses jambes.

Il y avait là des cavaliers des régiments de Novare et de Montferrat, des chasseurs de Vincennes, des soldats des quatre régiments de ligne engagés, deux zouaves, un capitaine les yeux presque fermés, la tête ensanglantée, un certain nombre de prisonniers autrichiens, ceux-ci atteints sans gravité, ceux-là presque mourants.

Un voltigeur gisait à l'écart. Trois balles l'avaient frappé du même coup, à la cheville, au genou, à la hanche.

« Les blessures, certainement on s'en passerait, disait-il; mais ce qui m'enrage, c'est de n'avoir pas pu seulement décharger mon fusil. Au premier feu, crac! j'ai attrapé tout ça. Est-ce bête! »

C'est là que pour la première fois il m'a été donné de voir ce spectacle touchant de la confraternité des armes. Vainqueurs et vaincus rapprochés par les mêmes souffrances, victimes des mêmes coups, tous couchés sur les mêmes planches, supportaient leurs malheurs avec la même sérénité et se prêtaient un mutuel secours.

Après l'heure de l'obéissance et du dévouement, l'heure de la pitié avait sonné. Un chasseur de Vincennes, frappé à l'épaule, soutenait un chasseur Tyrolien qui avait une balle dans la jambe; la tête d'un soldat français reposait sur les genoux d'un grenadier hongrois blessé à la main. On s'aidait pour descendre des wagons, en s'encourageant par de petits mots d'amitié; on avait des attentions touchantes pour les plus malades, quel que fût l'uniforme.

Au milieu de ces dures épreuves de la guerre, l'homme se montrait par ses côtés les plus nobles,

les plus généreux. Il avait été brave et avait offert à la patrie lointaine le sacrifice de sa vie ; maintenant il était humain. Et je ne sais où il se faisait voir le plus grand, sur le champ de bataille, ou sur un lit de misère.

Le tableau de la guerre, si brillant qu'il soit, si glorieux qu'on l'espère, a ses ombres. Et puis il faut bien pardonner son émotion à un homme qui n'est pas accoutumé à tout ce grand bruit des batailles. On m'assure ici qu'on s'y fait.

J'ai vu par hasard chez un officier quelques-unes des balles qui servent aux armes de précision des chasseurs tyroliens. Elles sont d'un calibre plus faible que celles de nos fusils à tige et on y remarque deux profondes cannelures circulaires.

Je ne vous parle pas des mouvements de l'armée piémontaise en avant de Verceil et de Casale. Là encore on a vu fuir l'ennemi. Le bruit courait ce matin que les braves soldats de Victor-Emmanuel s'étaient emparés de deux ouvrages de campagne et de douze canons.

Enfin,—et ce n'est pas sans peine,—je puis aller à Tortone et à Voghera ! Cependant je ne le croirai que quand j'y serai.

Voghera. e 25 mai.

Pour cette fois, j'y suis bien. Quand je dis que j'y suis bien, non, je me trompe ; j'y suis mal, mais enfin j'y suis ; j'ai même trouvé un lit à l'*hôtel d'Italie*, lequel hôtel ne le cède en rien à la grande *auberge de l'Europe* d'Alexandrie. Seulement ce fameux merle qui chantait toujours a été remplacé par une allouette aveugle, de cette espèce huppée qu'en Provence on appelle des *coquillades*. Le trille a remplacé la cadence.

Si vous jetez les yeux sur la carte, en voyant un chemin de fer entre Alexandrie et Voghera, vous ne comprendrez pas qu'on ait tant de peine à voyager de l'une de ces villes à l'autre. Il faut prendre garde seulement que ce chemin de fer n'a repris sa marche que depuis quatre ou cinq jours, que les trains qui vont et viennent appartiennent exclusivement au service militaire, et que messieurs les intendants qui en disposent n'ont pas pour habitude de publier à son de trompe les heures où il leur paraît opportun d'expédier un convoi. C'est un tort, certainement; mais soyez assuré qu'ils ne s'en corrigeront pas. Or il peut se faire que sept ou huit heures se passent sans qu'une locomotive fasse entendre son coup de sifflet, et vous conviendrez qu'un voyageur un peu pressé ne peut pas se promener pendant tout un jour sous la voûte d'une gare pour attendre le départ d'un wagon qui s'obstine à ne pas le recevoir à bord.

C'est dans ces moments-là qu'on apprécie le dévouement d'un cocher et la commodité de quatre roues honnêtement traînées par deux chevaux !

Le chapitre des obstacles supprimé, et je vous en épargne la narration, on part donc un matin, à l'aube naissante, à cette heure charmante où le champ des petits oiseaux est remplacé à Alexandrie par le tambour et le clairon.

La route qui court vers Tortone passe devant le château de Marengo, dont je vous parlerai une autre fois, et traverse une campagne verte comme un pré où s'enfonce en droite ligne, avec la rectitude d'un fil à plomb, une route blanche et large qui disparaissait à l'horizon en s'effilant comme une aiguille.

C'est l'heure matinale où les bambins piémontais

prennent ce bain de poussière qui paraît indispensable à la santé de tous les petits polissons de la Péninsule. Ils se roulent avec de grandes démonstrations de joie dans les ornières et en sortent couleur de cendre après y être entrés couleur de suie.

Les vignes en festons annoncent qu'on est près de la Lombardie; mais les innombrables mûriers dépouillés de leurs feuilles, dont les villageoises ont fait la cueillette, donnent à ce paysage printanier certains aspects tristes de l'hiver.

On regarde au loin la cime que couronne le profil romantique de Castello Ceriolo, et tout le long de la route les orteria et les locanderia où les soldats de l'armée d'Italie trompent leurs loisirs par mille petits jeux. On ne sait pas quelle quantité phénoménale de quilles ils ont façonnée avec des bouts de bois, et par quels miracles d'industrie ils ont réussi, dans les corps d'élite, à fabriquer ces tonneaux chers aux barrières de Paris.

On rencontre au bord des fontaines de braves fantassins occupés consciencieusement à laver leur petit bagage à côté de grandes filles brunes qui remplissent leurs cruches. La conversation va bon train entre ces connaissances d'un jour et les sourires prouvent qu'on s'entend sans se comprendre. Les cruches sont quelquefois lentes à se remplir. Ce sont des idylles; le guerrier s'y mêle au pastoral. Plus loin, sous ce portique champêtre dont les arcades de briques rouges font le bonheur des paysagistes, un caporal fait jouer un petit drôle en regardant du coin de l'œil la fermière qui ravaude. Par cette savante stratégie il espère arriver du cœur de l'enfant au cœur de la mère. C'est ce qu'on appelle une manœuvre de flanc. Il est rare que l'ennemi y résiste.

Ce nuage de poussière qui roule, emporté avec l'impétuosité folle d'un tourbillon, c'est une estafette qui galope. On entend sonner le fourreau du sabre contre l'étrier, on voit luire par intervalles le mousqueton. Le cheval d'Afrique arrive, passe et disparaît.

De grands éclats de rire retentissent sous ce bouquet de platanes ; c'est un loustic des grenadiers de la garde qui fait un récit. Les bonnets à poils des camarades en tremblent sur leurs bases.

Voici de longues files de voltigeurs portant deux à deux sur l'épaule, et suspendus à des bâtons, de gros quartiers de viande que l'appétit du bataillon saura bien dépecer. Qu'importe si un peu de poussière saupoudre le pot-au-feu ! C'est de la poussière héroïque ! Chaque homme a son fusil en bandoulière, et un certain nombre de soldats marchent sur les flancs de la corvée. Il s'agit de défendre la gamelle ! et l'on sait aux environs des Croates qui ont de grandes dents comme le fameux loup du *Petit chaperon rouge*.

Dans cette prairie, trois ou quatre batteries d'artillerie ont pris leur bivouac ; les canons couleur d'or brillent au soleil; chevaux et caissons, tout est aligné; pas un timon qui dépasse l'autre; pas une croupe qui empiète sur sa voisine. Un cheval hennit, mordu par la lumière qui fait luire sa robe noire; un autre dort, paresseusement étendu par terre et semble mort. Si le brigadier passe, il relève la tête à demi, entr'ouvre l'œil, renifle et se rendort.

N'approchez pas trop de ces beaux canons si bien polis : ils sont chargés.

Et tous ces fusils en faisceaux qui profilent leurs baïonnettes sur le sentier, n'y touchez pas non plus : la capsule est sur la cheminée.

N'oubliez jamais qu'on n'est qu'à quelques kilomètres des Autrichiens, et que le Pô est guéable sur certains points.

Derrière ces beaux marronniers, qui rappellent ceux des Tuileries, voilà Tortone. Un régiment de hussards campe sur la promenade, en compagnie de deux ou trois batteries montées. Il n'y a pas longtemps encore que les soldats de l'empereur François-Joseph faisaient bouillir leurs marmites à l'ombre de ces mêmes arbres.

Une rivière court dans ce frais vallon, un peu capricieuse, un peu vagabonde, mordant sur la prairie ici, et laissant beaucoup de sable un peu plus loin. Des saules frissonnent sur la rive, coupée de longs peupliers; 200 ou 300 chevaux du désert battent l'eau avec leurs pieds, y plongent leurs longues queues flottantes et boivent à longs traits, surpris que la main du prophète ait fait couler une eau si fraîche dans un pays où jamais ils ne voient les palmiers de l'oasis.

Dieu me pardonne! un pêcheur à la ligne, impassible et morne comme ses confrères du quai Saint-Michel, est assis sur la berge. Un zouave passe et rit.

« Le goujon mord-il ? » s'écrie l'enfant de Paris.

Le pêcheur indigné ne répond pas. Il est vrai qu'il n'a pas compris.

Deux ponts se coudoient fraternellement sur cette rivière, — la Scrivia, — comme les deux ponts d'Asnières sur la Seine. L'un, superbe, avec de belles culées et de belles piles en brique pour le service du chemin de fer, l'autre, en bois, est fort long, pour la route des voitures et des piétons.

Les Autrichiens, en se retirant, ont fait sauter une arche du viaduc et brûlé deux arches du pont de bois. En vingt-quatre heures on a réparé provisoirement l'arche du viaduc, et en deux jours les arches du pont. Seulement on a prié les locomotives de marcher au pas. Ça les indigne, mais elles obéissent.

On ne saurait faire des dégâts plus honnêtement. Deux barils de poudre de plus, et le viaduc tout entier tombait dans la rivière. Les actionnaires de ce chemin de fer doivent des remercîments au général comte de Standion.

Ce grand carré de maisons que la route coupe en deux c'est Pontecurone. Le maréchal Canrobert y a son quartier général. Une grande villa avec une immense porte à perron et des peintures à fresque partout, lui sert d'asile. Que ces deux mots *peintures à fresque* ne vous fassent pas d'illusion. Pas une abominable chambre d'auberge qui n'en ait. Le nombre ne peut en être égalé que par le mauvais goût.

Un escadron de guerre du 2e régiment de chasseurs d'Afrique traversait Pontecurone en ce moment ; toute la population du bourg était sur les portes et aux fenêtres pour le voir passer. Quels hommes que ces chasseurs d'Afrique ! et quelle allure ! Ils portent toute leur barbe comme les zouaves et les spahis ; sous leur képi rouge s'enroule un mouchoir blanc qui flotte sur le cou par les grands soleils d'été ; une large ceinture de flanelle rougeâtre presse leurs flancs serrés par la veste bleue. Le premier regard vous fait reconnaître à un je ne sais quoi d'indescriptible des hommes de guerre rompus à toutes les fatigues et à tous les dangers. Sous la longue crinière que secoue le vent, on voit luire les grands yeux intelligents de leurs chevaux barbes.

Le quartier général du général Renault est à 6 kilomètres de Pontecurone, dans la campagne, à Casei. Je vous en parle, parce que le général a bien voulu m'offrir à déjeuner avec l'obligeance la plus aimable. Or, un déjeuner dans ces parages c'est une bonne fortune !

De l'autre côté de la route de Voghera, presque sur la même ligne que Casei, à Castel-Nuovo, est le quartier général du général Trochu.

Le général Renault a dans sa main une division de soldats d'Afrique qui le suivraient jusqu'aux enfers, si l'enfer avait un chemin. Tout cela marche au doigt et à l'œil, comme un troupeau de demoiselles, et tout cela se bat comme un troupeau de lions. Les avant-postes bordent le Pô.

De Pontecurone à Casei, le chemin court à travers champs dans une plaine entrecoupée de cours d'eau ; jamais je n'ai vu de si beaux blés, ni de si hauts ; mais le long des sentiers, personne ; personne non plus dans la campagne, si ce n'est de distance en distance, derrière un arbre, au coin d'une haie, une sentinelle qui regarde au loin ; puis çà et là, et se reliant des bords du fleuve au quartier général, des petits postes et des grand'gardes appuyés par des compagnies et des bataillons qui campent dans des fermes ou bivouaquent sous la tente.

Des champs de blé ou des plis de terrain cachent ces postes et couvrent ces sentinelles. On n'entend rien, ni cri, ni chanson. C'est la guerre avec toute sa vigilance.

Si l'on avance plus loin, par une échancrure, entre des vignes et des saules, on aperçoit les eaux limoneuses du Pô. Ici les chasseurs de Vincennes, là-bas les Tyroliens.

Le général Renault habite une ferme immense, au milieu de Casei, chez le syndic de l'endroit, lequel, pour le dire en passant, a 100 000 francs de rentes en biens-fonds. Il a cet air de mauvaise humeur qu'on remarque parfois chez des gens très-riches. Nous retrouvons dans les chambres les inévitables peintures à fresque et des lits assez vastes pour qu'une famille entière y puisse dormir à l'aise. Il y a des rideaux de soie et des chaises cassées.

Le village est vaste, avec une apparence de bien-être qui frappe le regard. Ça et là sont de grandes auberges, avec de grandes cours entourées de hangars, d'écuries et de granges; mais il n'y a plus ni charrettes, ni rouliers, ni marchands, ni troupeaux. Adieu les foires, adieu la vie. Les canons remplacent la charrue.

Il n'y a guère que 6 kilomètres encore de Casei à Voghera. Ils sont bientôt franchis. On rencontre quelques mulets avec des fiévreux assis sur les cacolets. L'Afrique laisse de ces souvenirs.

Dans des bassins naturels, au bord des ruisseaux, des soldats se livrent à d'abondantes ablutions; d'autres dorment à l'ombre des hêtres, comme les bergers de Virgile.

La population est oisive avec quelque chose d'inquiet dans la physionomie. Les regards des paysans accroupis sur le seuil des portes semblent dire : — A qui serons-nous demain? — Les plus philosophes fument à l'écart sur l'herbe.

La voiture fait quelques tours de roues, et l'on entre à Voghera. De magnifiques marronniers versent une ombre épaisse à la porte de la ville.

Il est impossible de faire un pas dans les rues sans rencontrer trente soldats. Les zouaves du 2ᵉ régiment ont établi leurs ateliers et leurs cantines sous les portiques de la grande place. Des régiment partent; d'autres régiments entrent, des escadrons arrivent, des batteries passent; c'est un charivari de trompettes et de tambours.

Le général Mac-Mahon a son quartier général à Voghera. On reconnaît bien vite le palais qu'il occupe au grand nombre de plantons assis devant la porte et d'ordonnances qui vont et viennent.

De Voghera à Montebello il y a une demi-heure à peu près. Nous irons ensemble.

Au détour d'une rue, une voiture attelée de deux chevaux m'arrête. Je regarde. C'était la voiture du général Beuret. Son nom était écrit sur la caisse.

On entendait le tintement des verres de vingt officiers qui prenaient l'absinthe dans le café voisin.

La guerre a de ces rapprochements.

N'allez pas croire que Voghera soit une ville sans importance; on y compte 14 000 habitants et nous sommes éclairés au gaz. Le pays tout à l'entour est superbe ; c'est un jardin. Les Autrichiens y ont séjourné un assez long temps. Je le comprends.

Ici j'aborde un sujet délicat, mais tant pis, je me risque.

On vous a dit, et moi comme les autres, sur la foi de récits lamentables, que les Autrichiens avaient saccagé le pays et mis les villes à sac. A leur approche on s'apprête donc à frissonner consciencieusement. Quel spectacle hideux ne va-t-on pas rencontrer ! Que de familles en larmes sur des chaumières en ruines ! que d'étables dépeuplées, que de maisons renversées sur leurs fondements, que de malheureux errant par la campagne sans asile !

Quand on entre à Voghera, malheureusement, — non, heureusement, — il faut bien vite étouffer son émotion. Voghera se porte très-bien. Les femmes y sourient même avec assez de complaisance.

Quand on s'est trompé, même innocemment, il faut savoir en convenir. Je ne parlerai plus maintenant de la Lomelline et du Verceillais que lorsque j'y serai allé.

Un voyageur est toujours curieux. C'est son métier ; je suis entré dans quelques auberges et dans plusieurs maisons. Les glaces étaient en place dans leurs cadres, les pendules sur les cheminées, les rideaux autour des lits ; rien n'était cassé, rien n'était déchiré ; les montres reposaient doucement dans le gousset natal, et aucun doigt n'avait perdu les bagues dont il était propriétaire avant l'invasion.

Je dois confesser aussi que les cordonniers avaient encore de vraies bottes dans leurs magasins, et les marchands de toile de vraies chemises à leur étalage. Personne n'était en deuil.

Mais, dira-t-on alors, et les réquisitions, et les vexations, et les contributions, et les impositions, et les exactions et autres abominations qui riment en *tions ?*

Ah! permettez! La guerre, c'est la guerre. On a pris des bœufs et des moutons, c'est clair; on a logé et nourri le soldat, on a confisqué l'argent du gouvernement. Mais les règlements et les lois militaires de tous les pays prévoient ce cas; et, le prévoyant, ils l'autorisent.

J'ai interrogé les habitants à Casei, à Pontecurone, à Tortone, à Voghera, çà et là dans des hameaux, aussi bien les fermiers dans leurs fermes que les boutiquiers dans leurs boutiques. Toutes les réponses ont été les mêmes. On a souffert par le fait de la guerre, mais je n'ai vu de traces de violences nulle part. Point de fermes incendiées, point de vergers rasés, point de moissons coupées, point de ruines fumantes, enfin rien de ce qui fait image dans un récit. Le voyage y perd sans doute un côté pittoresque; mais qu'y faire?

Ce qui n'empêche pas que la ville ne soit pavoisée

du haut en bas de drapeaux tricolores sardes et français. Pas une maison qui n'ait les siens.

Mais, par exemple, en cherchant bien, peut-être trouverait-on dans quelque coin d'autres drapeaux aux couleurs autrichiennes et portant l'aigle noire à deux têtes. C'est ce qui est arrivé à des zouaves qui furetaient dans des greniers où on les avait logés.

Dans leur indignation, ces braves soldats voulaient débarbouiller le propriétaire du grenier avec le drapeau qui se pavanait certainement à la fenêtre il y a quinze jours; on a eu quelque peine à leur faire comprendre qu'un propriétaire est un propriétaire partout. D'abord l'immeuble.... après on verra.

Ce n'est pas, je vous l'accorde, très-héroïque. Mais si les Mucius Scævola étaient en grand nombre, on ne parlerait pas de Mucius Scævola, premier du nom, comme on le fait au collége.

Les éclaireurs français et autrichiens bordent le Pô. On en surveille toutes les rives matin et soir, soir et matin, et on se fusille à travers le fleuve. Avec quelle patience ne reste-t-on pas tapi derrière un mur ou quelque buisson pour surprendre un shako imprudent qui montre le bout du pompon, un cavalier, qui passe au galop couché sur le pommeau de la selle, un point de mire enfin! L'ennemi entrevu, l'éclair brille et la balle siffle.

Nos tirailleurs appellent cet exercice le jeu du cochonnet.

« Les boules, disent-ils, sont dans nos fusils et s'appellent des balles. Quant au cochonnet, c'est nous qui le sommes. »

Ils prétendent qu'ils ont l'avance sur la partie adverse.

Néanmoins ils rendent justice à leurs antagonistes. Quand on leur parle des Tyroliens, ils caressent leurs moustaches et prennent un air capable :

« Les Tyroliens, disent-ils, ça tire bien. »

Puis, faisant la moue, ils ajoutent avec quelque dédain :

« Ça tire bien, c'est vrai, mais ils ont besoin d'une fourche. »

Vous savez en effet que les chasseurs tyroliens ont dans leur armement une petite fourche sur laquelle ils appuient le bout du fusil. Ils ajustent lentement, et tirent à l'homme comme ils tirent au chamois.

P. S. Si vous voulez un détail de cour, je vous dirai que le roi Victor-Emmanuel a dîné hier à Alexandrie avec l'Empereur; et j'ajouterai ce détail de guerre, que deux régiments de lanciers sont entrés hier à Turin, salués par l'enthousiasme des populations.

Le bulletin officiel qu'on imprime ici en italien

annonçait que l'Empereur avait, hier matin 24, transporté son quartier général à Voghera. Aujourd'hui, à midi, ce n'est pas encore exact.

Les bulletins officiels se trompent quelquefois.

C'est peut-être une ruse de guerre.

Montebello, le 27 mai.

Un homme de guerre a dit en parlant de Montebello, et à propos du fait d'armes du 20, que les Autrichiens n'avaient pas su prendre la position qu'ils n'avaient pas su défendre. Le mot résume admirablement les deux combats du 20 mai 1859 et du 9 juin 1800. Seulement, en l'an 1800, les Autrichiens occupaient la position dont ils n'ont pas su s'emparer en 1859.

Vous pensez bien que je ne vous ferai pas de la stratégie militaire, et vous ne vous attendez guère à trouver ici le nombre et les numéros des régiments qui composaient les brigades lancées en avant par le général comte de Stadion, ni les noms des colonels qui les commandaient. Je suis un peu brouillé avec l'orthographe des noms allemands, et j'imagine d'ailleurs que *le Moniteur* vous a renseigné à ce sujet avec une précision tout officielle et que je n'atteindrai jamais.

Laissez-moi vous dire seulement, et pour ne pas trop paraître ignorant des choses, que les colonnes chargées d'occuper les hauteurs de Montebello et de Casteggio étaient formées de six brigades détachées des 2e, 3e et 5e corps d'armée et du corps du général Wimpffen. Or vous savez que les brigades se composent d'un régiment d'infanterie et d'un bataillon de chasseurs ; et les régiments autrichiens ne comptent pas moins de 5 à 6000 hommes.

En défalquant les non-valeurs et les compagnies laissées en arrière, il y avait donc plus de 20 000 hommes en ligne.

Quand on sort de Voghera par la route qui court vers Stradella, par Genestrello, Montebello et Casteggio, on traverse un pays où la culture fait rendre à la terre les produits les plus abondants. Ce ne sont que vignes en berceaux, champs de blé qui fuient vers l'horizon, et mûriers rangés en file comme des grenadiers un jour de parade.

Les Alpes, le Pô, les Apennins ferment cet horizon. Je ne crois pas qu'on puisse rêver plus beau cadre pour un tableau plus charmant.

La première chose qu'on rencontre sur la gauche, après les dernières maisons de Voghera, entre des amandiers, c'est une croix faite de deux petits morceaux de bois blanc et plantée sur un peu de terre fraîchement remuée. Un mort a été enterré là : un Français.

C'est comme la signature de la guerre.

On passe devant cette tombe inconnue que tant de muletiers et de zouaves côtoient en chantant, et la route s'enfonce dans la campagne. Jamais paysage ne fut plus propice aux pastorales. Que de bosquets! que de ruisseaux qui murmurent! que de fleurs dans les prés! que de coquelicots épanouis sur les berges! Mais Daphnis s'appelle le comte de Benedeck. On ne sait pas le nom de Chloé.

Ici il faut que j'ouvre une parenthèse.

Le lendemain du jour où une bataille a été livrée, il peut se faire que le champ du combat ait un aspect terrible et navrant. C'est alors qu'on voit couchés dans les blés, étendus sur la route, renversés sur les troncs d'arbres rompus, et partout tordus, dans les agonies de la mort, ces cadavres que Bellangé a semés dans un si grand nombre de tableaux populaires. C'est l'heure des caissons mis en pièces et des chevaux broyés; mais trois ou quatre jours après il n'y paraît plus.

J'en suis bien fâché pour l'intérêt du récit; mais si un cicérone obligeant et instruit ne vous affirmait pas que là on s'est foudroyé pendant six heures, jamais on ne le devinerait à l'aspect des lieux.

La terre ne dit rien; il n'en reste que l'impression morale. C'est beaucoup.

Vous savez que le combat a commencé en avant

de Voghera, près de Genestrello. Çà et là, sur la route et dans les fossés, quelques branches de mûriers ont été hachées par les balles. Une échancrure circulaire dessinée dans le tronc d'un arbre vous indique qu'un boulet a passé par là; l'angle d'un mur est écorné; ici le plâtre d'une maisonnette est tombé par écailles; un carreau manque à cette fenêtre; deux ou trois trous ronds percent ce volet.

Cependant la vache paisible broute l'herbe du sentier, le laboureur pousse la charrue que traînent deux bœufs au pas lourd, la fermière file son lin, des enfants se roulent dans un coin, et devant la porte de l'auberge un mendiant tend la main en nasillant une complainte. Nous sommes sur le théâtre du combat.

Par exemple, je ne sais pas de plus ravissant paysage. La nature a mis de la coquetterie à parer ce que les hommes essayent de détruire.

Figurez-vous une route blanche au pied d'un coteau vert que couronnent des maisons aux tuiles rouges, une villa, une église, un clocher. La main du hasard a groupé ces maisons dans un désordre pittoresque : des bouquets d'arbres s'y mêlent à des pans de mur. Au loin, noyée dans la brume, s'élargit une plaine immense qui a quelque vague ressemblance avec cette campagne sans limite qu'on aperçoit de la terrasse de Saint-Germain. Seulement, tout là-bas, à l'horizon, ce sont les Alpes. Ces nuages qui semblent dessiner une dentelure sur le ciel s'appellent le Mont-Genèvre, le Mont-Cenis, le Mont-Rose, le Mont-Blanc. Sur la droite, mais beaucoup plus près, à croire qu'on va les toucher de la main, voici les premiers contre-forts des Apennins. Tout en face, ce point lumineux, c'est un pli du grand fleuve italien; un rideau de peupliers en suit le cours; quelques flocons de vapeurs en indiquent les sinuosités. Au fond de ce tableau magique, voici les tours et la silhouette de Pavie, qu'éclaire un rayon de soleil; derrière un mouvement de terrain, c'est le pont de Stradella. Si le temps était plus clair, avec une lunette d'approche, derrière Pavie, presque en droite ligne, on apercevrait le dôme de Milan. Dix clochers s'éparpillent dans la campagne.

Cette hauteur voisine, à quelques portées de de fusil dans la direction du Pô, c'est Casteggio où les dernières balles ont été échangées.

Là-bas, dans la plaine, cette grosse ferme Cascina Nuova, qui rappelle les fermes plantureuses de la Beauce, a vu la rencontre de la division du comte de Stadion et de la brigade Blanchard.

Les régiments du comte de Stadion étaient arrivés le matin même de Mortara à marches forcées. Les soldats n'avaient pas mangé. Ils allaient en avant comme des hommes qui ont une mission pressée à remplir. Beaucoup ne sont pas retournés pour dire quels obstacles les avaient arrêtés.

Sur cet escarpement, en avant de Montebello, sur la droite, une batterie autrichienne battait la route; ses premiers boulets ont emporté deux chevaux, deux hommes et deux roues au premier canon français qui allait prendre sa part du combat. Dans ce vaste champ de blé qui s'étend de l'autre côté de la route et la borde, des compagnies de chasseurs tyroliens, cachés par les épis, balayaient le chemin et décimaient nos bataillons. Invisibles dans l'épaisseur des blés, ils tiraient à coup sûr. Que d'officiers choisis par leurs balles sont tombés là!

Ce monticule, qu'une ondulation de terrain relie au plateau de Montebello, a été gravi par nos artilleurs avec cet élan et cette résolution qui triomphent de tous les obstacles. C'est là qu'ils ont pu mettre en ligne deux pièces d'artillerie et répondre avec une effrayante précision au feu des Autrichiens.

Cette chaussée qui coupe la plaine a vu le choc du 74° et des colonnes lancées par le général autrichien. Là un bataillon, commandé par le colonel Cambriels, a vaillamment résisté aux efforts de toute une brigade, et n'a pas reculé d'un pouce. Tel chef, tels soldats.

Voici, au pied des hauteurs qu'il fallait emporter, la ligne que le 17° bataillon de chasseurs à pied, à bout de cartouches, a tout à coup abordée à la baïonnette. Un bond terrible l'a porté jusqu'au sommet de la colline, et il est entré dans le village pêle-mêle avec l'ennemi.

Les soldats avaient tiré toutes leurs balles, engagés qu'ils étaient depuis Genestrello. Le feu de l'ennemi ne se ralentissait pas. Devant les nôtres, la colline, obstruée de vignes en festons, prolongeait ses pentes roides.

Il fallait vaincre ou mourir là. Un cri s'élève : *En avant!* Les chasseurs s'élancent précédés de leurs officiers. Les vignes sont rompues et traversées, la colline est gravie en un instant, et le 17e bataillon des chasseurs entre dans Montebello.

Dans la cour de cette grande métairie qui domine la déclivité du coteau, il y avait une batterie autrichienne. Elle n'a pas fait feu. Aux premiers coups tirés du monticule sur lequel l'artillerie française s'était établie, elle a reçu ordre de partir. C'est par ce chemin creux, qui longe la villa Lomellini, qu'elle s'est éloignée au galop, avec le gros de la division ennemie.

Plus loin, à l'extrémité même du village, à mi-côte, ces murailles blanches enferment le cimetière où, dans le mouvement de recul, les Autrichiens se sont arrêtés. Il a fallu les en chasser à la baïonnette, et c'est au bord du sentier qui descend sur la route que le général Beuret est tombé. Combien d'autres avaient succombé déjà!

Il avait affaire, lui, à la division du général Braün,

et le bruit court à l'état-major que le général Braun est mort.

C'est sur la route même que les lanciers de Novare ont, par leurs charges successives, arrêté longtemps la marche des colonnes autrichiennes. Quel héroïsme dans cette longue résistance! Un escadron de 85 hommes a eu 46 cavaliers atteints. Sur cinq officiers qui le menaient à la charge, un a été tué et trois blessés.

Le colonel de Bellefonds a été renversé dans ce champ de vigne. Le 84e a laissé bien des soldats sur le chemin; le 98e sait aussi ce que lui a coûté l'assaut du village.

Les chasseurs autrichiens, embusqués derrière les haies et couchés dans les blés, laissaient passer nos soldats, puis se relevaient et lâchaient le coup. Que de braves gens frappés dans le dos! On ne devinait la présence de l'ennemi qu'à la fumée qui montait du milieu des épis.

La villa Lomellini, occupée par le quartier d'un général autrichien, a vu les derniers efforts de la lutte. Sa façade rouge est criblée de balles. Une porte de derrière s'est ouverte pour le passage des fugitifs. On a trouvé un bel habit blanc à collet bleu dans le jardin.

Quand on a parcouru le terrain du combat, on ne s'explique pas comment 20 000 hommes à cheval sur le plateau et protégés par deux batteries d'artillerie, flanqués en outre par de nombreux et habiles tirailleurs que le feu ne pouvait pas atteindre, n'ont pas su résister à 4000 ou 5000 jeunes soldats.

Certes, le général Forey, qui, l'épée haute, a ramené nos bataillons sur les hauteurs de Montebello occupées par surprise, n'en aurait pas été chassé par 30 000 Autrichiens !

La voix et l'exemple des chefs, l'élan et le courage des soldats ont fait ce prodige.

Mais le sang de 50 officiers l'a payé : 11 sont morts sur place, 40 sont blessés.

Et remarquons-le en passant, la division Forey n'appartient pas à l'armée d'Afrique comme la division Renault ou Espinasse; elle arrivait directement de Paris et se composait de quatre régiments incomplets, les 98e, 91e, 84e et 74e, avec le 17e bataillon de chasseurs à pied. Les jeunes soldats y sont en majorité. Le baptême du feu les a trouvés d'emblée dignes de leurs frères d'armes d'Inkermann et de l'Alma.

De tout ce tumulte, de tout ce feu, il ne reste plus de trace. Çà et là seulement le blé est foulé par larges places ; on suit parmi les épis broyés le passage de l'artillerie; des berceaux de vignes sont rompus ; le tronc d'un jeune arbre est cassé.

Une guêtre, un col, un débris de shako s'aperçoivent dans l'herbe ; cette motte de terre sur le sillon a une teinte rougeâtre qui étonne; on regarde de plus près : elle est tout imbibée de sang. Là, entre des pampres humides de rosée, pend le lambeau d'un gilet autrichien ; des taches couleur de brique en épaississent l'étoffe. Un cheval est mort dans un coin. Et c'est tout.

Non ; devant le cimetière, deux fosses légèrement bombées ont reçu les cadavres des Autrichiens tués dans cet asile où ils avaient concentré leur résistance. Puis, çà et là, en divers coins, quelques pans de terre d'un ton brun vous révèlent la place où dort un soldat. Une chèvre, un mouton bêlent tout à l'entour. Des jeunes filles qui rient remplissent tout auprès leurs sacs de feuilles de mûrier cueillies à pleines mains.

Les blessés autrichiens ramassés après la bataille avaient, sur la foi de je ne sais quels récits, une telle terreur des Français, qu'après avoir repoussé tous les breuvages qu'on leur offrait, ils n'en ont accepté que de la main des Sœurs. Depuis lors, les soins dont ils ont été l'objet, les ont familiarisés avec leurs gardiens.

L'un d'eux est resté caché pendant quatre jours, — notez bien le chiffre, — dans une cave, derrière une barrique à laquelle on rendait fréquemment visite. Il ne remuait pas, ne soufflait pas, ne respirait pas. Il avait une blessure au pied et la cuisse traversée par une balle.

Quel courage et quelle résignation inspire quelquefois la peur! Il a fallu changer la barrique de place pour le contraindre à se faire voir. Ce pauvre diable est en voie de guérison aujourd'hui et ne regrette plus sa cave.

Un autre, atteint au cou d'une balle qui l'avait jeté par terre, a attendu la mort résolûment sous des vignes. Il ne s'est pas plaint, il n'a pas appelé. Quand on l'a découvert le lendemain, il râlait et s'obstinait à rester là.

La première chose que faisait un soldat autrichien qu'on relevait du champ de bataille, c'était le signe de la croix. Il recommandait son âme à Dieu.

Rien de plus touchant que les soins prodigués par nos soldats aux blessés autrichiens après la bataille. La gourde s'approchait des lèvres de ceux qui respiraient encore; ils soutenaient par-dessous les bras ceux qui marchaient; ils portaient à petits pas ceux qui n'avaient plus la force de remuer. Plus tard, dans les wagons où on les avait placés côte à côte, capotes grises contre casaques blanches, nos fantassins parlaient gaiement à ces ennemis qui ne les comprenaient pas, et partageaient avec eux le pain de munition.

C'est là que le soldat se révèle par ses humbles vertus et sa bonté native.

La villa rouge dont je vous ai parlé appartient au marquis Lomellini, dont le beau-frère, le marquis Dada, est, chose singulière, grand chambellan de l'empereur d'Autriche. Le général de division Ladmirault y a son quartier.

La villa Lomellini est fort belle, en bon air et en belle position. Elle a tout naturellement des portes et des fenêtres comme toute honnête maison qui veut y voir clair et n'a rien à cacher. Mais la mode est ici d'enjoliver ces portes et ces fenêtres de peintures à fresque qui simulent des ogives ou des arcades, selon le goût du propriétaire. La villa Lomellini est décorée dans le style gothique d'Opéra-Comique. On pourrait croire que le comte Ory y a demeuré.

Tous ces enjolivements rendent les villas fort ridicules pour le moins.

Que de mal on se donne en Italie pour gâter ce qui est bien !

Il y a tout en haut de la villa un belvédère auquel on grimpe par un escalier fort extravagant et d'où l'on jouit d'une vue merveilleuse. Les officiers du général, parmi lesquels je puis nommer MM. de Champlouis et de La Tour du Pin, nous ont fait les honneurs de la villa et des environs avec une obligeance parfaite et la meilleure grâce du monde.

Un peu plus loin, à deux cents pas environ, une autre villa est habitée par le maréchal Baraguey-d'Hilliers : terrasses, belvédères, vastes cours et peintures à fresque, rien n'y manque.

Ah ! le joli pays ! Mais puisqu'on est en train d'y

faire la guerre, pourquoi ne la déclare-t-on pas à cet effroyable badigeon, qui offusque le regard et déshonore tout?

Chassons les Autrichiens tant qu'il vous plaira, mais grattons un peu ces statues, ces portiques et ces tourelles postiches. L'indépendance de l'Italie n'y perdra rien.

Il y a toujours un peu de fantaisie dans un voyage en Italie. La voiture que le maître de l'auberge de Voghera nous avait cédée pour aller à Montebello était de la famille de ces voitures solennelles qui figurent dans les tableaux de Van der Meulen. Son grand âge était cause qu'elle craquait par toutes les jointures. On n'a jamais rencontré voiture affligée de plus de rhumatismes. Les chevaux, par respect pour leur aïeule, s'obstinaient à marcher au pas. Quant au cocher, il sommeillait doucement sur son siége. Aussitôt qu'on mettait pied à terre, il allait s'endormir dans les petits coins; et quand on voulait repartir, il fallait fouiller toutes les bottes de paille des environs pour le retrouver.

Ah! qu'il ressemblait peu au cocher qui m'avait conduit d'Alexandrie à Casie! Celui-là, en sa qualité de citoyen d'une ville de guerre, avait une peur abominable. A toute minute, épouvanté de la solitude des chemins de traverse au milieu desquels il naviguait péniblement, il se mettait debout pour regarder au loin, la main en abat-jour sur ses yeux.

Quand on lui demandait pourquoi il sautait ainsi, comme si un ressort eût parti entre ses jambes, il montrait l'horizon du bout de son fouet.

« *Le Austriaci!* » murmurait-il plaintivement.

On avait beau lui faire observer qu'un grand diable de fleuve et 8 kilomètres de vignes séparaient sa voiture de l'ennemi, rien n'y faisait : les uhlans galopaient dans sa tête.

Il y eut un instant où un cavalier blanc s'étant montré au-dessus des blés, il faillit tomber à la renverse.

« *Ussaro ungherio!* » s'écria-t-il.

Le hussard hongrois était un tourlourou, passez-moi l'expression, qui s'en allait à cheval sur un mulet.

Vous savez sans doute que le colonel Guyot de Lespart, atteint à la main d'une balle, a été nommé général de brigade, ainsi que M. le colonel d'état-major Dieu. On annonce aussi la promotion de plusieurs généraux de division et de brigade, huit ou dix.

Une mesure récente vient d'enlever aux soldats la couverture de laine qu'ils avaient en campagne. On donne pour motif à cette mesure le désir d'alléger le soldat en marche. Quelques bataillons ont remplacé la giberne par des sacs de drap ou de toile dans lesquels ils mettent leurs cartouches et qu'ils portent en bandoulière.

On ne sait rien des événements sinon que quelque chose de gros se prépare. Un bruit vague circule. Il y a de nombreux et de continuels mouvements, mais ceux qui ont le secret de cet échiquier militaire où des batteries d'artillerie et des brigades remplissent l'emploi de pions, n'en parlent pas. Faisons comme eux.

Alexandrie, 28 mai.

Si la ville a dormi cette nuit, c'est qu'elle y a mis de la complaisance. N'allez pas croire au moins que les Autrichiens en aient insulté les ouvrages avancés, oh! non, mais la garde est partie pour Voghera, dit-on, et ce matin les dernières compagnies passaient les portes en tenue de campagne.

Je vous laisse à penser quel bruit et quel mouvement a rempli les rues. Une armée, car la garde fait à elle seule un corps d'armée, ne s'en va pas sans traîner à sa suite assez de caissons, de fourgons et de canons pour réveiller même une capitale, et Alexandrie n'a pas la prétention d'avoir une importance si haute.

On savait vaguement hier au soir que la garde allait se mettre en route. Certaines rumeurs confuses en avaient instruit le public; mais on était si bien accoutumé à la voir que l'on commençait à croire dans les familles qu'elle y resterait un siècle ou deux. Il n'a fallu qu'une matinée pour détromper toute une population.

Jamais on n'a vu, même au Cirque-Olympique, où cependant on est très fort sur les manœuvres, neuf ou dix régiments d'infanterie disparaître avec cette promptitude. Ils y étaient, ils n'y sont plus, voilà tout. Et remarquez, s'il vous plaît, que ces neuf ou dix régiments, grenadiers, voltigeurs, zouaves et chasseurs, sont accompagnés d'un régiment d'artillerie, de pontonniers et de compagnies du génie et du train des équipages. Si bien que les tambours battaient, les clairons sonnaient, les canons roulaient, et les chevaux hennissaient que c'était à faire trembler toutes les vitres.

On envoie beaucoup de chevaux et beaucoup de matériel par le chemin de fer; l'infanterie se rend à Voghera par étapes. L'Empereur en personne s'y transportera avec toute sa maison après-demain, lundi. Quelques-uns, les plus impatients, disent demain.

Cette fois, les adieux n'ont attendri personne. Je n'ai pas surpris ces tête-à-tête rapides que l'on voyait à Gênes au moment du départ de la garde, et qui ont rendu humides tant de moustaches et tant de voiles. Ce n'est pas que la garde ait perdu de ses charmes ; vous savez la chanson :

> Un grenadier, c'est z'une rose
> Qu'el' brille de mille couleurs....

Mais la guerre est trompeuse comme la fortune. Peut-être aussi la garde a-t-elle pensé que les cheveux des dames d'Alexandrie, qui les ont fort beaux, n'étaient pas un prétexte suffisant pour que neuf ou dix régiments se missent en campagne.

On s'est donc séparé sans beaucoup de regrets. A l'exception de quelques braves qui ont voulu cueillir des myrtes en attendant les lauriers, le séjour d'Alexandrie n'aura pas ajouté un grand nombre de pages à l'histoire des victoires et conquêtes de la garde.

Que ces *myrtes* et ces *lauriers* ne vous offusquent pas. Je suis encore sous l'impression d'un lambeau de conversation que j'ai surpris hier, vers dix heures du soir, sur la place Royale, entre un sergent des voltigeurs de la garde et un maréchal des logis des guides.

« Tu pars donc ? disait le cavalier au fantassin.

— Oui, demain, dès l'aurore, répondait la guêtre à la grosse botte.

— Au revoir alors dans les champs de Bellone !

— A moins que ce ne soit dans les plaines de

Mars! » a répliqué la baïonnette qui s'éloigna avec un léger dandinement.

Ce style militaire dans lequel la mythologie faisait irruption a son cachet. Les bons modèles en deviennent rares. J'ai saisi celui-ci au passage.

Depuis le départ de la garde, Alexandrie semble un désert. Quinze ou dix-huit mille hommes ne quittent pas impunément une ville qui n'a guère que quarante-cinq mille habitants. On traverse les rues et les places tout étonné du grand silence qui les remplit. Adieu l'animation, adieu le bruit! Ces hôtels si tumultueux ont vu s'enfuir leurs locataires; ils retrouveront la liberté de ne recevoir personne; leurs maîtres, à qui de si longs dîners avaient fait perdre le sommeil et l'appétit, pourront enfin déjeuner et faire la sieste paisiblement. Ils ne se réveilleront que pour compter les beaux louis d'or que l'armée répand comme une pluie partout où elle passe.

Je sais bien que le tour des régiments de cavalerie est arrivé; mais si l'un vient, l'autre s'en va, et les vides que cette nuit a faits ne seront pas comblés.

La concentration de la garde à Voghera a sa signification. C'est un pas de plus fait dans la direction du Pô. De Valenza à Casteggio, les divisions françaises sont massées en profondes colonnes. L'armée sarde, maîtresse de Verceil, peut à toute heure franchir la Sesia et se porter sur le Tessin. Vous voyez que l'heure est proche où la France et l'Autriche peuvent se rencontrer sur le champ de bataille, non pas cette fois comme à Montebello, mais comme jadis à Wagram.

Mais peut-être encore, la Lombardie ouverte, chantera-t-on un *Te Deum* à Vienne comme on l'a chanté après la défaite du 20 mai.

P. S. Vous ai-je dit qu'on avait arrêté successivement plusieurs espions, un assez grand nombre même? — On a parlé de soixante en tout? On n'épargne rien de l'autre côté du Pô pour savoir ce qui se passe ici. Les espions arrêtés, on instruit promptement leur procès, et on les fusille. Ces sombres exécutions ont lieu à la citadelle, presque toujours la nuit. Un roulement sourd se fait entendre et un misérable a cessé de vivre.

Hier encore cette terrible justice militaire a été rendue. Si l'espionnage est actif, la surveillance est infatigable.

Alexandrie, le 29 mai.

Puisque la guerre nous laisse des loisirs, j'ai pris quelques heures pour aller rendre cette visite que tout bon touriste doit au champ de bataille de Marengo.

L'occasion serait peut-être bonne pour raconter, après cinquante historiens et cent voyageurs, — sans parler des guides en Italie, — cette fameuse bataille qui ouvrit à un consul le chemin de l'Empire. Desaix y perdit la vie, et Bonaparte y gagna une couronne.

Mais on peut croire sans trop de présomption que tous vos lecteurs en connaissent par cœur les moindres détails, et je passe outre, laissant là le général Mélas et Kellermann.

Il y a quelque chose comme deux ans, il me semble, que l'on eut, un instant, je ne sais où, à Paris ou à Turin, l'idée de faire cadeau à l'Empereur du château et des terres de Marengo. L'idée n'eut pas de suite, et le château appartient aujourd'hui à M. le comte Castaldi, noble génois, qui ne l'habite guère.

Et je le crois bien !

Ce n'est pas que le pays tout à l'entour ne soit fertile et vert, et que le parc n'ait de l'ombre à profusion et des bosquets où la brise entretient la fraîcheur : mais il y a le château !

S'il n'était qu'affreux, incommode, désagréable ou malsain, ce ne serait rien ; il est ridicule, et ridicule du haut en bas.

Imaginez un abominable bâtiment qui pourrait passer pour une vilaine maison tout simplement, si le propriétaire ou l'architecte, je ne sais lequel, n'avait eu la fantaisie de le décorer de peintures à fresque qui le barbouillent du faîte au perron.

Un système grotesque d'ornementations lui donne de loin l'apparence d'un château fort, tel qu'on en voit sur les écrans ou dans ces lithographies de deux sous qui représentent la fuite de Malek-Adhel d'après Mme Cottin. Ce sont des mâchicoulis et des créneaux, des tourelles et des poternes qui témoignent du zèle du peintre. Il n'a pas épargné la couleur pour rendre la défense du monument formidable.

Mais si le gothique féodal triomphe d'un côté, de

l'autre on a en perspective tout un système incompréhensible de dômes, de portiques et de colonnades qui fait une agréable diversion. C'est d'une bêtise à attendrir un géomètre.

Quand on a détaché les yeux de cette architecture à la détrempe, on découvre sur la façade principale une série de bustes dans des niches que couronne une attique.

L'attique, les niches et les bustes sont en grisaille. C'est plus économique, mais c'est bien plus laid.

L'intérieur de l'édifice répond à son extérieur. La fresque vous y poursuit, et la persécution cesse à peine au grenier. La cour d'honneur est embellie par une statue en pied du Premier Consul, taillée dans le marbre : elle est un peu plus que médiocre.

Une salle basse où le général Bonaparte a signé l'armistice est transformée en musée. Tout ce qu'on a pu ramasser sur le champ de bataille, sabres, fusils, baïonnettes, éperons, biscaïens, boulets, balles, casques, fers de lance, étriers, fourreaux, épées, pistolets, mors, shakos, obus et cent autres débris, a été réuni pour la plus grande admiration du voyageur et le plus grand profit du portier.

On y voit le chapeau, le sabre et la médaille du général Desaix, et à côté de ces reliques, entre autres curiosités, un chapeau monté de général autrichien comme on n'en trouve plus que dans les batailles du Cirque-Olympique.

De temps en temps encore, mais rarement, quelques petits morceaux de ferrailles viennent augmenter ce musée qui reçoit la visite de tous les voyageurs.

Dans la serre il y avait un bivouac au moment de mon pèlerinage ; les voltigeurs y remplaçaient les roses.

Tout auprès, une sorte de cénotaphe, dont la forme ennuyeuse rappelle deux ou trois mille tombeaux épars dans le cimetière du Père-Lachaise, expose à la vue un entassement d'os et de crânes récoltés dans la plaine de Marengo.

On est libre d'en remarquer le désordre et la malpropreté. Ayez donc bravement perdu la vie en combattant pour qu'on vous fasse figurer en plein vent dans un ossuaire ! Il y a là un pauvre vieux crâne percé d'un trou noir entre les deux sourcils qui semble demander grâce pour les autres. Ah ! qu'un peu de terre, avec une simple pierre au-dessus, témoignerait de plus de respect et serait plus touchant !

Un buste en marbre sans expression indique la place où la tradition rapporte que le général Desaix fut tué.

Un petit sentier, qui serpente entre des massifs d'arbres, conduit à un pavillon rustique d'où le regard embrasse toute la plaine de Marengo.

D'interminables champs de blé la couvrent. On

dirait un coin de la Brie, s'il n'y avait des mûriers. L'eau jaune de la Bormida en déchire le niveau. L'horizon est sans limites.

Une grille coupée de faisceaux consulaires ferme la cour d'honneur et en protége la décoration.

Voilà la plaine et le château de Marengo.

Un tombeau et une masure au milieu de la campagne auraient eu plus d'éloquence.

Je ne quitterai pas Alexandrie, sans vous parler de la cous-jupe. Bien qu'Alexandrie, en sa qualité de place forte, puisse se permettre bien des choses, il me semble qu'elle en abuse. Cuisinières, femmes de chambre, bourgeoises et comtesses, ici tout le monde en porte, et de si rondes, de si amples, avec des robes si bien tendues, que l'on a toujours peur qu'un vieux zéphir, en passant, n'emporte tout à coup les mères, les sœurs, les cousines et le reste.

Il y a dans cette ville des petites filles de six ans qui ont déjà la forme de très-gros ballons bien gonflés. Si M. Green l'aéronaute les rencontrait, il crierait au voleur. Tant de jeunesse et tant de perversité! Est-on précoce en Italie!

Puisque je suis en train de faire autre chose que de la stratégie militaire, laissez-moi vous rapporter un mot qui a bien son originalité.

L'autre jour, quelques prisonniers autrichiens faits je ne sais où, traversaient Tortone. Un chasseur à pied les examinait attentivement. Un officier s'approche.

« Eh bien! qu'en pensez-vous? dit-il au soldat.
— Eh! capitaine, je pense qu'ils sont bien chaussés! Ah! sapristi! les fameux souliers! »

Remarquez le mot du chasseur. Ce n'est pas l'homme qu'il regarde, c'est le soulier. Pour lui, qui a fait des étapes par centaines, la chaussure c'est l'armée, et il a raison. Avec de bons souliers on marche, si non, non. Et c'est à la pointe du pied aussi bien que de la baïonnette qu'on attrape la victoire.

Sa Majesté l'Empereur quitte Alexandrie demain à quatre heures. Les bagages partent aujourd'hui. Le régiment des chasseurs de la garde et les guides rejoignent l'armée.

Turin, le 30 mai.

Permettez-moi de revenir un peu en arrière pour vous parler d'un fait d'armes qui a signalé la première étape de notre mouvement. Toute justice a été rendue au général Forey et à sa division ; nous devons la même justice aux Piémontais du général Cialdini.

Le passage de la Sesia, qui se rattache bien certainement aux opérations nouvelles qui portent le théâtre de la guerre plus au nord, fait le plus grand honneur aux troupes sardes et au général qui les commandait.

Avec une audace que son bonheur seul a pu égaler, le général Cialdini a passé la Sesia en face de Verceil, sans équipage de pont. La rivière grossie par des pluies continuelles présentait un obstacle sérieux ; sur la rive gauche un bois épais offrait aux ennemis un retranchement naturel d'où il pouvait être difficile de les déloger. Rien n'arrête le général Cialdini. Il donne le signal. Les bersaglieri entrent les premiers dans la rivière avec cette résolution qui les rend redoutables. Les hommes avaient de l'eau jusqu'au milieu de la poitrine et tenaient leurs fusils en l'air. Ils ont trouvé sur l'autre rive les Autrichiens en train de manger la soupe. Les attaquer et les culbuter fut pour les bersaglieri l'œuvre de quelques minutes. Maîtres de la rive gauche, les soldats du général piémontais ne l'ont plus quittée. Ils ont promptement rétabli un pont de chevalet sur la Sesia et le gros de l'armée a passé.

Le mouvement avait eu lieu simultanément à droite et à gauche de Verceil; le régiment de grosse cavalerie Piémont-Royal appuyait les bersaglieri à droite et a vigoureusement chargé.

Un bataillon de chasseurs des Alpes se trouvait là. Entre bersaglieri et chasseurs, il y a rivalité de courage. C'est à qui s'élancera sur les Autrichiens le plus vite, à qui les poursuivra le plus loin: leur entrain cette fois a été si rapide et si obstiné, que le général Cialdini a dû faire sonner la retraite trois fois pour les ramener.

C'est le 23 mai, lundi dernier, que cette brillante affaire a eu lieu. Le lendemain, le régiment Nice-cavalerie a remplacé le Piémont-Royal aux avant-postes.

Les journaux étrangers ont parlé d'un fait de guerre que je veux rétablir dans sa vérité. Le jour où M. le duc de Chartres conduisait son peloton en reconnaissance, vingt-cinq hommes à peu près, un officier autrichien a été fait prisonnier dans des circonstances assez singulières. Le jeune lieutenant avait dirigé ses lanciers aussi loin qu'il le pouvait, si loin même et avec une audace si heureuse, qu'un capitaine ennemi, chargé de dépêches, s'est trouvé pris entre la reconnaissance et le gros du régiment. Il était en voiture avec une escorte de neuf cavaliers. Tout à coup le fourrier d'un escadron, qui marchait en vedette avec six hommes, l'aperçoit. Il fond sur l'escorte autrichienne, qui prend la fuite; l'officier ouvre la portière au bruit et veut résister. On lui met le pistolet sur la gorge et il se rend.

Laissez-moi vous donner une preuve de l'incroyable bravoure des chefs de cette vaillante cavalerie piémontaise. Une reconnaissance était poussée en avant de Borgo Vercelli par un escadron du régiment de Nice, commandé par le capitaine Baretta. Au loin, près d'Orfengo, le capitaine, qui marchait en tête avec quatre ou cinq hommes, demande à des paysans s'il y a des Autrichiens dans le village. Les paysans répondent qu'il n'y a personne. Le capitaine pousse son cheval, et se trouve, au coude de la route, en face de deux escadrons de uhlans.

Il pouvait tourner bride et revenir avec ses soldats;

mais il n'écoute que la voix de son courage indomptable, et fond le sabre au poing sur l'ennemi. Hélas! un coup de lance qu'il reçoit en plein cœur l'étend roide mort; un de ses soldats d'escorte est tué, et les autres s'échappent ventre à terre; une minute après l'escadron de Nice-cavalerie chargeait, les Autrichiens étaient mis en fuite, leur chef restait sur place avec bon nombre de uhlans, et le corps du capitaine Baretta était ramené au camp.

Les opérations du général Garibaldi excitent dans tout le Piémont un enthousiasme qui se comprend. Si vous jetez les yeux sur la carte, vous en reconnaîtrez l'incroyable hardiesse et l'habileté. C'est décidément un véritable général d'avant-garde.

Il était l'autre jour à Biella; en quelques bonds il est à Arona; il passe sur l'autre rive du lac Majeur, à Lavano, et pousse jusqu'à Varèse, où il se barricade. Les Autrichiens l'attaquent; il les repousse, marche sur leurs talons, emporte la position importante de Malnate, et entre à Côme, où la population l'accueille comme un libérateur.

Si par impossible, pour parler comme ses fanatiques, Garibaldi avait été battu, il se retirait en Suisse, dont les frontières sont voisines, et se mettait ainsi hors de l'atteinte de l'ennemi.

Au contraire, l'ennemi battu et démoralisé se retire jusqu'à Monza, qui touche presque aux portes de Milan.

L'insurrection est à présent maîtresse d'une grande étendue de pays. Le drapeau de l'indépendance est planté en Lombardie par des mains italiennes.

Cette marche audacieuse du général Garibaldi se rattache sans doute au plan d'ensemble qui a conduit l'armée française sur la rive gauche de la Sesia, en face du quartier général de l'ennemi.

Dans quelques jours peut-être, le canon d'une grande bataille grondera.

Verceil, le 30 mai.

Je suis à Verceil, où l'Empereur est arrivé dans l'après-midi, vers quatre heures. A l'heure où j'ai quitté Turin, la pluie tombait à flots ; elle n'a pas cessé pendant toute la route, elle a continué jusqu'au soir, et ce n'est qu'aux premières ombres de la nuit qu'elle s'est arrêtée.

On se battait alors à Borgo Vercelli et à Palestro. Le chemin de fer Victor-Emmanuel qui, passant par Verceil et Novare, relie Turin et Suze à la frontière Lombarde, est aujourd'hui entre les mains du gouvernement, qui en a besoin pour le transport des troupes. Il traverse un pays riche, mais que la culture du riz rend malsain et fiévreux. Les plaines inondées apparaissent bientôt, labourées en tous sens par d'étroits barrages de terre qui dessinent au milieu de l'eau des figures bizarres. Les grandes rizières, qui sont la fortune du Piémont avec le mûrier, apparaissent après Santhia.

Voici la Doire et sur ses bords dévastés les ouvrages de campagne exécutés par le génie piémontais, quand l'ennemi campé à Livorno menaçait Turin. Ils sont loin ces jours de péril! Les Autrichiens connaissent à présent le poids de nos armes.

Le ciel est bas et orageux, l'horizon incertain, des brumes estompent le paysage ; des bruits sourds et longs arrivent du côté de l'est. Il semble que c'est le tonnerre, et quelque chose vous dit que ce roulement sinistre vient de la terre et non du ciel.

J'avais laissé Turin tout en rumeur et tout en joie devant le passage d'une batterie d'artillerie qui arrivait de Suze et que l'enthousiasme populaire couvrait de fleurs. J'ai entendu le grondement du canon à mon arrivée, et les bouquets avaient fait place aux fourgons chargés de blessés. Au lieu de femmes agitant leurs mouchoirs, des chevau-légers escortaient des prisonniers.

Ce n'était plus une capitale et son repos; c'était une ville de guerre avec son tumulte et toutes les fièvres de l'anxiété.

La foule, émue et attentive aux moindres bruits, hâtait le pas vers la route que coupe le Cervo, alors grossi par les pluies. J'ai suivi la foule. Une longue promenade qui court autour de la ville avait l'aspect d'un chantier ; de magnifiques platanes séculaires, frappés par les haches piémontaises, alignaient leurs troncs verts et traînaient leur feuillage dans la boue épaisse. L'un de ces géants tombait au moment où je passais; le tronc équarri allait bientôt augmenter le nombre des poutres et des madriers qui servent aux pontonniers sardes. Encore quelques pas, et j'aperçois sur le chemin, debout, le sac au dos et l'arme au pied, le 3ᵉ zouaves, que j'avais laissé, il y a quatre jours, à une portée de fusil de Montebello Le commandant Bocher, qui n'avait pas trouvé d'Autrichiens à Bobbio, était à cheval, le caban sur l'épaule. La pluie tombait toujours, et le brave régiment, qui depuis trois nuits avait à peine trouvé quelques heures de repos entre les veilles et les étapes, attendait avec une impatience joyeuse l'ordre de courir au feu. Il était arrivé dans la matinée même à Verceil.

Plus loin, sur une route qui traverse des prairies à demi inondées, toute une brigade d'infanterie était en bataille, prête à partir. Sur la chaussée passaient incessamment des lanciers du régiment de Nice, des caissons et des bersaglieri. Plus loin encore, derrière un épais rideau d'arbres qui masquait l'horizon, on se battait contre les Autrichiens.

La population de Verceil allait et venait, les femmes mêlées aux hommes, les mères avec leurs enfants, et de tous côtés ces gamins curieux et rêdeurs, qui se ressemblent un peu partout, se faufilaient de rang en rang pour voir et pour entendre.

Tout près de là, sur le bord d'un ruisseau, à quatre pas de ce tumulte, une blanchisseuse battait tranquillement son linge et le tordait, insouciante des Autrichiens comme des Français.

Le général Niel se promenait lentement, à cheval, sur la chaussée, enveloppé d'un manteau, le képi sur la tête.

Cependant la brigade, massée sur la route, à quelques centaines de pas, se porte en avant et disparaît; des zouaves indignés regardent leurs camarades de la ligne s'éloigner, et prétendent tout bas que c'est injuste.

« Les coups pour eux, rien pour nous.... Pas de chance ! » murmure un sergent armé d'une barbe formidable.

Puis un mouvement se fait dans la foule; on se presse, on se hâte; deux charrettes arrivent, traînées par des bœufs indolents qui ruminent. Des bersaglieri sont couchés sur la paille ensanglantée. Ils sont au feu depuis le matin.

Quelques minutes s'écoulent ; on tend l'oreille ; les zouaves sont toujours immobiles. Ils affirment que dans la Kabylie on allait plus vite. Un groupe de fantassins se montre dans l'éloignement, marchant à petits pas. On regarde. « Des habits blancs! » crie un tambour. « Des prisonniers! » répond un caporal.

On se précipite en avant. Ce groupe s'approche, on se presse sur son passage, on l'enveloppe. Ce sont des Croates vêtus de la grande capote blanchâtre, du pantalon bleu collant, du shako noir. J'en compte quatre, tous grands, forts, hâlés. Ils tiraient encore des coups de fusil il y a un quart d'heure. Leurs mains sont noires de poudre.

Mais de grands cris s'élèvent du côté de la ville, on bat des mains. Tout ce qui reste d'habitants dans Verceil se précipite sur la promenade et sur la route. Un cortége paraît, le général Fleury en tête : l'Empereur est à cheval, suivi de son état-major, escorté par un peloton des cent-gardes. Il va voir le pont de chevalets jeté sur la Sesia.

Un instant après, le 3e zouaves court aux armes ; on se met en rang, un frémissement parcourt les longues files de ces vigoureux fantassins, et ils s'ébranlent en chantant. Quelle marche ! l'un d'eux portait un poulet sur son sac, un autre une salade au bout du fusil, un autre encore avait le pot-au-feu de l'escouade dans sa gamelle, et son voisin le bois pour le faire cuire ficelé sur son dos. On ne demande pas mieux que de tomber sur les Autrichiens, mais il ne faut pas que le dîner en souffre.

Depuis le jour où il a quitté son campement de la porte del Pila, à Gênes, ce robuste régiment n'a pas eu dix hommes atteints par la fièvre ou la fatigue. Mais demain peut-être, peut-être ce soir, il rencontrera les balles et les boulets autrichiens.

Ainsi l'affaire est engagée. Ce n'est encore, jusqu'à présent du moins, qu'un combat d'avant-garde ; dans quelques heures, il peut se faire que le canon gronde sur toute la ligne. 300 000 hommes sont en présence.

La division Cialdini, de l'armée sarde, a été engagée tout entière et toute la journée. Vers quatre heures, une division française a fait un mouvement pour prendre part à l'action et tourner l'ennemi, dit-on.

Les Autrichiens tiennent ferme à Borgo Vercelli et à Palestro.

Comme à Montebello, leurs chasseurs tyroliens, embusqués dans les blés et blottis derrière les haies qui coupent la campagne en tous sens, ont fait éprouver des pertes cruelles aux troupes qui ont pris l'offensive. Plusieurs fois on s'est abordé à la baïonnette ; mais l'artillerie a peu donné. Le bruit court qu'un village, Vinzaglio, a été la proie des flammes.

Les blessés racontent que l'ennemi a élevé des ouvrages de campagne qui rendent sa position plus forte. On n'a pas encore pu l'en chasser. Mais si la résistance est tenace, rien ne lasse l'élan des troupes alliées.

Le roi Victor-Emmanuel, qui était ici ce matin, s'est porté de sa personne en avant.

Si les Autrichiens ne se retirent pas demain, — et tout annonce au contraire qu'ils veulent accepter la bataille, — la journée du 31 mai comptera dans les annales de la guerre.

Mettons notre confiance en Dieu et dans la fortune de la France !

L'Empereur demeure dans le palais épiscopal, comme y a demeuré le général comte Giulay. Il occupera probablement la même chambre, mangera sur la même table et dormira dans le même lit.

Les régiments sont casernés dans les églises. J'en ai vu entrer un, tambour battant, dans la cathédrale, dont les portes, toutes grandes ouvertes, laissaient voir les profondeurs sombres de la nef et des chapelles.

Un moment après, des bottes de paille jonchaient le parvis et servaient de lit de camp à 1000 soldats couverts de boue.

Il ne faudrait pas croire que la ville eût un air d'épouvante ; je n'ai rien vu de cet aspect sinistre que l'imagination prête aux cités que la guerre enveloppe. Beaucoup de bruit, beaucoup d'agitation, beaucoup de tumulte, rien de plus. De tristesse et d'effroi, je n'en découvre nulle part.

Les filles se mettent au balcon pour regarder nos chasseurs de Vincennes comme elles y sont restées pour voir les uhlans. Les belles dames ont revêtu leurs robes les plus amples pour se promener triomphalement : il faut bien soutenir l'honneur du pavillon. Les oisifs et les rentiers boivent et fument sur la porte des cafés. On parle beaucoup. Personne ne se cache, et personne ne fuit.

Encore une désillusion.... heureuse tout au moins ! Je suis au cœur du Vercellais, dans le chef-lieu de la province, et je ne peux voir aucune trace de ces dégâts dont tant de récits ont fatigué la presse. Je cherche, je regarde, j'interroge ; rien, toujours rien. Les boutiques regorgent de marchandises, les hôtelleries n'ont rien perdu de leurs batteries de cuisine et de leur vaisselle, aucune famille n'est en pleurs.

Tout s'est borné, à Verceil comme à Voghera, à des réquisitions de bœufs, de pièces de vin et autres approvisionnements, ce qui s'est toujours fait en pays ennemi. Ce qui est vrai en outre, c'est que les Autrichiens, d'abord assez paisibles et bons garçons,—passez-moi le mot quand il s'agit de Croates, — sont devenus assez irascibles et même un peu brutaux quand il a fallu partir. Il y a eu quelques coups de plat de sabre, mais rien de plus.

Ne saurait-on faire la guerre bravement sans inventer ces sottises et ces puérilités qui ont eu tant de retentissement ? et croit-on qu'une grande cause gagne beaucoup à ces petits moyens par lesquels on cherche à déshonorer l'ennemi ? Raconter que Verceil a été mis à sac, n'est-ce pas faire dans un sens comme ces bulletins fameux où l'on raconte que le général comte de Stadion s'est heurté à Montebello contre quarante mille Français?

Il faut donc bien vite rayer de nos souvenirs ces histoires grotesques de couverts d'argent remportés par des officiers, et de grands dîners d'apparat qu'on ne payait guère. J'ai questionné les prétendues victimes de ces belles inventions, elles ont haussé les épaules.

Et à ce sujet, permettez-moi de rapporter ici un détail qui a bien son côté pittoresque.

Il y a dans l'une des salles à manger de l'*Hôtel-Royal* une tapisserie qui arrive en droite ligne du faubourg Saint-Denis, et qui représente la prise de Malakoff par l'armée française. La tour est une vraie tour d'Opéra-Comique, et pourrait figurer chez un marchand de chocolat. Eh bien! cette tapisserie toute neuve où l'on voit par douzaines des généraux en pantalons rouges et des zouaves montant à l'assaut, n'a pas même été égratignée par un sabre trop irascible.

Cependant trente officiers autrichiens dînaient tous les jours dans la salle qu'elle décore.

Ce n'est pas que les plaisanteries aient manqué à la vue de nos uniformes. Les quolibets sont de toutes les langues surtout quand le vin d'Asti leur vient en aide.

L'un de ces officiers, le colonel, assurait toujours

au dessert qu'il allait à Paris. Le régiment a un peu changé de route depuis lors.

Deux personnages entre tous étaient le sujet perpétuel des conversations, M. de Cavour et le général Garibaldi que les Autrichiens confondaient dans une haine égale. Ils voulaient savoir quels visages avaient le ministre et le capitaine, où ils étaient, ce qu'ils faisaient et ce qu'ils disaient. Un certain soir que ces messieurs avaient demandé où irait M. de Cavour, si l'armée autrichienne, maîtresse du Piémont, entrait à Turin, l'hôtelier, fort embarrassé, répondit au hasard que sans doute il irait à Paris.

Le colonel que vous savez frappa du poing sur la table.

« Eh bien ! dit-il, nous l'attraperons à Paris. »

Paris était décidément son idée fixe.

Il ne faudrait pas conclure de ce qui précède que Verceil et le Vercellais n'ont pas souffert. Loin de là, malheureusement, mais ce que je tiens à constater, c'est que les désastres dont on a parlé sont le fait de la guerre seulement, et que partout où la guerre promènera ses canons, les mêmes désastres se reproduiront.

Mais il était tout au moins inutile, dans les proclamations du comte Giulay, d'annoncer qu'il marchait en avant pour délivrer le Piémont.

Délivrer est joli.

Les bonnes nouvelles qu'on a reçues de Garibaldi

se confirment. Tout le pays est en insurrection. Le prestige de son nom s'étend partout, et des milliers de volontaires accourent, dit-on, sous ses drapeaux. Il est aujourd'hui à Côme ; qui sait où il sera demain ! Sa colonne ne marche pas ; elle se précipite comme un torrent. De Camerlata où elle est parvenue, elle est à trois étapes de Milan.

Les hommes qu'il commande, électrisés par son exemple, se battent comme des lions. Au combat de Varèse, qui a été une longue lutte acharnée, sur quatre-vingt-trois officiers, quarante-sept ont été tués ou blessés. Mais aussi les régiments autrichiens ont reculé en désordre.

Le général Garibaldi a dû recevoir aujourd'hui des renforts et de l'artillerie. Il jette la terreur sur le flanc droit des Autrichiens.

Au moment où ce matin je quittais Turin, on annonçait que 600 gardes nationaux allaient être appelés au service actif et envoyés dans les forteresses de Fenestrelle et d'Exilles, où les prisonniers autrichiens seront dirigés. On a de plus enrégimenté 35 chirurgiens et médecins qui passent du service civil au service militaire.

Le comte Téléki a traversé Turin, et le général Klapka a quitté Gênes. Ils pensent à la patrie hongroise.

Ce soir, un grand mouvement remplit la ville ; on entend le pas sourd et cadencé des régiments qui traversent Verceil, le roulement prolongé de l'artillerie sur le pavé. Des groupes causent au coin des rues et sous les portiques; d'autres plus silencieux attendent devant la porte de l'hôpital militaire. Il y a des femmes par là. Combien n'y a-t-il pas d'enfants de Verceil dans les rangs de l'armée piémontaise, dans ceux de la division Cialdini peut être? Des curieux stationnent autour du palais de l'évêché, dont la place est occupée par les fourgons de la maison de l'Empereur.

Il est onze heures du soir. A demain, de nouveaux détails si l'heure me le permet.

31 mai, neuf heures.

J'ai le temps d'ajouter quelques mots à ma lettre, et j'en profite. La pluie n'a pas recommencé; ce matin, le ciel est presque bleu, le soleil presque chaud. Cette route, que j'avais vue hier si pleine d'animation, était presque déserte au petit jour : deux gendarmes piémontais défendaient aux curieux le passage du pont de bois jeté sur le Cervo, à la porte de la ville. On voyait dans la prairie les chevaux de l'artillerie de la garde, qui allaient à l'abreuvoir; un léger rideau de brume s'étendait à l'horizon, d'où ne sortait aucun bruit; des charpentiers taillaient les grands platanes abattus. Parfois une charrette passait, emportant sous la paille un mort dont on ne voyait que les pieds nus. Puis venait un mulet : une capote, un bidon, un sac, une giberne, un shako pendaient sur un des cacolets; l'autre semblait fléchir sous le poids d'une forme roide couverte d'un manteau.

Des écoliers conduits par leur maître, un bon brave homme en lunettes, jouaient et se poursuivaient sur le bord du torrent. Deux partis se disputaient la possession d'une balle.

Une promenade dans les rues avait son caractère pittoresque. Dans la via del Duomo, où le maréchal Vaillant a son quartier, deux régiments, le 76ᵉ et le 86ᵉ, prenaient les armes. Le tambour battait et ils partaient.

A quelques pas de là, dans la chapelle de San Giuliano, 178 prisonniers autrichiens étaient gardés par des carabiniers. La porte était ouverte. Tous ces soldats semblaient appartenir au même corps. Ils avaient une casaque de beau drap blanc, à collet et à parements jaunes, le pantalon bleu et un bonnet de la même nuance dont la visière tombe droit sur le nez. La plupart d'entre eux parlaient italien. Ils riaient et causaient. On assure qu'ils appartiennent à un régiment lombard.

L'un d'eux a étiré ses bras, et d'un air de philosophie :

« Ce n'est pas malheureux, a-t-il dit, enfin nous allons toucher un bout de solde ! »

Un peu plus loin, j'ai rencontré le général Regnaud de Saint-Jean d'Angély à la tête d'un nombreux état-major que suivait un piquet de guides. Il sortait du palais impérial.

Çà et là allaient et venaient les bersaglieri tout couverts de la boue du combat.

Ces braves soldats ont le droit d'être fiers.

Voici quelques détails que j'ai pu recueillir sur le combat d'hier.

Vous savez que le général Cialdini avait réussi à passer la Sesia sur un point où la rivière, partagée par une île, se divise en deux bras. Il avait d'abord assis fortement sa position dans l'île, puis jeté ses soldats sur l'autre rive. Mais les Autrichiens s'étaient établis en force dans le village de Palestro, situé en face et non loin du pont occupé par les Piémontais.

Hier le roi Victor-Emmanuel a résolu de les chasser de ce poste important. Il a pris le commandement en personne et s'est porté en avant avec cette audace qui le caractérise.

La division Cialdini a donné tout entière au nombre de dix à douze mille hommes. Elle était soutenue par une brigade de la division Durando et deux brigades de la division Fanti. Au besoin, d'autres forces détachées de l'armée piémontaise auraient pu être lancées en avant.

Le roi Victor-Emmanuel a exécuté à Palestro le mouvement que le comte de Stadion a tenté le 20 à Montebello. Il y a seulement cette petite différence que le roi a réussi là où le général autrichien a échoué.

Les Autrichiens ont bravement résisté ; mais, forcés dans leurs retranchements, ils ont dû abandonner la place, laissant aux mains des Piémontais deux pièces de canon et près de 400 prisonniers, parmi lesquels plusieurs officiers.

On parle d'une maison crénelée dans laquelle les Autrichiens ont tenu avec acharnement ; mais, attaqués à la baïonnette, ils ont tous été tués ou pris.

Les pertes de nos vaillants alliés sont considérables ; mais leur succès est grand.

Le corps d'armée du général Niel appuyait ce mouvement en seconde ligne, mais n'a pas eu occasion de prendre part au combat.

Le roi a voulu cette fois faire une vérité du fameux cri de son père : *Italia fara da se.*

A l'heure où je vous écris, on ne sait pas encore si le gros des forces autrichiennes acceptera la bataille. Leurs divisions sont massées entre Novare et Mortara.

Le corps d'armée du maréchal Canrobert agit en avant. Il sera peut-être le premier engagé.

La division des grenadiers de la garde, avec les chasseurs à cheval et les guides, a pris par la gauche en quittant Voghera, la route directe par Casale étant trop encombrée, et a passé par Trino. La ville a illuminé et l'enthousiasme a éclaté partout sur son passage.

La présence de la garde à Verceil indique assez que sa coopération au mouvement offensif est résolue.

Dix heures.

Au moment où j'allais fermer cette lettre, on m'apprend que le convoi qui devait emporter la correspondance est parti à l'improviste à sept heures du matin. Un autre partira ce soir.

Je profite de ce retard fâcheux, qui me recule de vingt-quatre heures, pour voir l'entrée du 3e voltigeurs de la garde. Toute la division des voltigeurs est attendue ; le bataillon des chasseurs à pied entre en même temps. On n'entend que des cris de joie ; on applaudit, on agite les chapeaux ; chaque soldat a un bouquet de fleurs au bout de son fusil. Les habitants offrent des cigares et des oranges. On ne voit que des femmes battant des mains à leurs balcons. La ville est en fête.

La marche des troupes ne s'arrête pas. Aux quatre régiments de voltigeurs ont succédé des batteries d'artillerie de la ligne. La ville n'a plus de fleurs ; les *Vivats* redoublent.

On vient d'afficher la proclamation du roi à son armée. Elle rappelle que le combat de Palestro, de Cassalino et de Vinzaglio renouvelle et rajeunit la victoire de Goïto, remportée par le roi Charles-Albert le 30 mai 1848.

La proclamation et le bulletin sont datés de Torrione, quartier général du roi.

Les Piémontais ont eu dans cette glorieuse affaire sept à huit cents hommes tant tués que blessés.

La *Gazette officielle de Milan* parlera-t-elle encore de reconnaissances et de succès ?

Midi.

Pardonnez-moi de vous écrire sous la forme d'un journal; rien ne m'avait encore donné l'idée d'un pareil mouvement, ni Gênes, ni Alexandrie, ni Voghera. J'arrive du pont de chevalet jeté sur la Sesia. De longs convois le traversent et s'enfoncent dans la plaine sablonneuse et le bois touffu qui bordent la rive occupée hier encore par l'ennemi. Les régiments de Nice et de Saluces sont campés sur la prairie qui longe la route; tout en face, mais de l'autre côté, un bataillon de chasseurs à pied, le 14e, prend le café; la fumée bleue du bivouac court à travers les arbres. L'artillerie de la garde passe le pont de bois qui enjambe le Cervo. Le pont tremble sous le poids des caissons. L'Empereur, suivi d'un état-major nombreux, et ayant à côté de lui le général de Martimprey, s'avance pour visiter les positions occupées par le corps d'armée du général Niel.

Pendant la nuit, la Sesia, grossie par les pluies, a occasionné des dommages au pont jeté par le génie en aval ; le pont de chevalet, en amont, a été un instant couvert par les eaux à son point central. On peut voir de l'endroit où nous sommes les deux arches du chemin de fer que les Autrichiens ont fait sauter. Quelle brèche énorme ! La pile est renversée, la coupure nette, et faite comme par la hache d'un géant. On entend gronder le canon au loin sur la droite.

Le bruit court que les Autrichiens ont abandonné Novare et Mortara. On n'y croit pas, on serait trop fâché d'y croire.

Ce matin en déjeunant les officiers ont parlé de Milan. Ceux-ci parient qu'on y sera samedi, ceux-là dimanche. On se donne rendez-vous à midi devant le Dôme.

L'avenir ne démentira personne.

Verceil, le 31 mai, six heures.

Un mot, en courant. Le 3ᵉ zouaves, dont je vous parlais tout à l'heure et qui hier partait à quatre heures pour rejoindre le roi de Sardaigne, vient bravement de soutenir en Italie la réputation qu'il a conquise en Afrique et en Crimée.

Aujourd'hui attaqué par les Autrichiens, en avant de Palestro, il a repoussé vaillamment l'ennemi, et sans tirer un coup de fusil, a pris huit bouches à feu. Les artilleurs autrichiens ont été tués sur leurs canons.

Les zouaves avaient 300 mètres à parcourir avant d'atteindre les batteries ennemies; mais, enlevés par la voix de leurs chefs qui couraient l'épée haute, ils n'ont fait qu'un bond et sont tombés comme la foudre sur les Autrichiens. La mitraille balayait le terrain, et bon nombre de ces braves gens sont tombés; plusieurs officiers ont payé de leur vie ce succès glorieux pour nos armes, glorieux pour le régiment.

A demain, les détails. Aujourd'hui il me suffira de le constater.

600 Autrichiens ont été faits prisonniers.

Verceil, le 1ᵉʳ juin.

Vous n'attendez pas de moi un bulletin officiel des opérations de la guerre. Qu'il vous suffise de savoir que depuis trois ou quatre jours il s'agit de tourner les troupes autrichiennes, de les envelopper et de faire mettre bas les armes aux divisions qui occupent la Lomelline.

Comment? c'est ce qu'on ne sait pas, parce qu'on ne le dit pas. S'il n'y a pas capitulation il y aura bataille.

Les corps d'armée du maréchal Canrobert, des généraux Niel et Mac-Mahon et la garde sont chargés de l'exécution de ce plan, auquel coopère tout entier le corps d'armée sarde.

L'état-major général a seul le secret des mouvements. Tous les combats qui se livrent autour et en avant de Verceil en sont les préliminaires.

Les dépêches télégraphiques vous auront parlé du glorieux fait d'armes accompli par le 3ᵉ zouaves à Palestro. Ce brave régiment a débuté par s'emparer des canons qui le foudroyaient. Les boulets et la mitraille sont partis une fois ou deux, puis ç'a été fini; ils n'ont plus tiré : les artilleurs étaient morts.

A défaut de commentaire officiel, permettez-moi de reproduire ici le récit que m'en a fait un zouave blessé que j'ai rencontré hier à Torione, deux ou trois heures après le combat.

« Donc nous étions bien tranquillement devant un ruisseau; voilà que cinq ou six cavaliers se font voir sur une hauteur; on se dit que bien sûr ce sont des hussards ennemis qui nous regardent, et on s'apprête à parler à ces curieux, histoire de causer. Mais voilà que tout à coup, et sans crier gare, un paquet de boulets nous arrive accompagné d'une grêle de balles. Les coquins avaient mis des canons sur la colline, et leurs tirailleurs du diable dans des blés où l'on n'y voyait goutte. Pendant que l'on se regarde, voilà que la mitraille se mêle à la conversation. Le colonel voit d'où le coup part par la fumée. Les officiers se tournent vers nous; — Eh ! zouaves ! crient-ils, aux canons ! Nous sautons tous dans le ruisseau. Mais on avait de l'eau jusqu'aux coudes, et voilà que nos sacs à cartouches prennent un bain; plus moyen de tirer un pauvre coup de fusil. Il y avait bien 300 mètres à parcourir des batteries au ruisseau. Ah! ils sont bientôt franchis au pas gymnastique! Dame! on tombait un peu. La mitraille fauchait l'herbe autour du fantassin. En un clin d'œil on est en haut, et on tape, on cogne, on embroche. Un obus tombe, et cinq camarades qui étaient avec moi sautent en l'air. Voyez; j'ai de leur sang plein ma casquette. Moi, j'avais le bras ouvert, mais les canons étaient à nous. »

Il me semble que ce récit en vaut bien un autre. Il m'a remué, je l'avoue; il est vrai que je serrai la main au bout de laquelle on voyait un bras nu entouré de linges rouges. J'ai demandé, en tremblant un peu, le nom des officiers atteints. Grâce à Dieu, aucun de ceux que nous connaissons n'est tombé. Je ne parlerai pas des autres; j'aurais trop peur de me tromper et de jeter le deuil dans vingt familles. Hélas! il en est un auquel la veille le commandant Bocher m'avait présenté. Jamais visage plus ouvert et plus gai n'avait ri. Il a eu la tête emportée par un boulet.

« Il était aussi bon enfant qu'il était gros, » m'a dit mon zouave.

Je renonce à faire la connaissance d'aucun officier. On a des secousses qui vous font mal. On prétend toujours que c'est parce que je n'y suis pas habitué.

Le soir ou le lendemain matin, après ces chocs meurtriers, à table d'hôte, au café, quand les officiers se rencontrent, cherchant des nouvelles, on retrouve encore là le spectacle de la guerre dans ce qu'il a d'étrange. La tristesse s'y mêle à l'insouciance. On interroge ceux qui arrivent ; un nom tombe. Un visage se contracte, un poing crispé frappe la table ; on passe une main rapide sur les yeux. Un camarade mord sa moustache, un autre se lève et va tousser en tournant la tête ; son voisin allume un cigare, mais sa main tremble un peu. On entend un mot, un juron, un soupir. « Pauvre garçon !... sacrebleu !... un si bon enfant !... »

On avale une tasse de café et l'on part.

L'oraison funèbre du mort est faite.

On vous a dit, toujours par voie télégraphique, que les divisions Trochu et Renault avaient rencontré les Autrichiens dans la même affaire, mais sur un autre point. Un ordre du jour du roi fait un éloge éclatant de la bravoure de nos soldats.

Le 3e zouaves, qui est devenu mon ami, grâce aux circonstances particulières où je l'ai rencontré, est attaché au corps d'armée de Victor-Emmanuel. Il doit l'accompagner partout. Le roi et le régiment se valent.

J'ai vu entrer tout à l'heure des chariots que deux escadrons de chasseurs escortaient le sabre au poing. Ils arrivaient de Casale, des hommes habillés de vert étaient assis sur les banquettes ou suivaient à cheval. On reconnaissait l'uniforme de la trésorerie. Ces chariots si bien gardés portaient sept ou huit millions en or pour le service du quartier général.

Ah! si un régiment de Uhlans l'avait appris! La bonne aubaine! Qu'il doit y avoir longtemps, bon Dieu, que la caisse d'aucune brigade autrichienne n'a vu tant d'or! Sept ou huit millions en belles monnaies bien luisantes! Cela doit passer pour un conte de fée à Vienne.

Quel curieux n'a pas voulu hier faire son petit passage de la Sesia! Quand les bersaglieri du général Cialdini ont traversé la rivière, ayant de l'eau jusqu'à la poitrine, on peut bien la traverser modestement sur un pont de chevalets. De la rive gauche, le paysage est charmant. On voit les clochers lombards des vieilles églises de Verceil découper leurs arcades dans le ciel derrière un massif d'arbres qui cachent la ville; les tons rouges de la brique se marient au vert cru du feuillage; la rivière coule sur un lit de galets où des troupeaux de chevaux arabes s'abreuvent; on voit l'arche brisée du grand pont sur lequel le chemin de fer passait la rivière; un bois épais répand son ombre sur la campagne, la hache y a fait de larges trouées pour y trouver les matériaux du pont de chevalets sur lequel s'engagent des régiments et des convois. De tous côtés, c'est une fourmilière de fusils qui brillent au soleil.

Suivons ce chemin qui du rivage s'enfonce dans le bois; c'est le chemin montant, sablonneux, malaisé de la Fontaine. Les chevaux et les mulets, couchés dans le collier, ont peine à tirer les lourds chariots enfoncés dans le gravier. Leurs longues files disparaissent au loin dans les blés verts. On coupe à travers champs. Voici une ferme que des soldats du génie transforment en redoute; les fossés sont creusés, les terres, rejetées sur le bord, s'élèvent en épaulements, les bâtiments sont percés de meurtrières, les sentiers coupés. Une compagnie y est installée.

Aussi loin que le regard porte, on ne voit que des prolonges, de l'artillerie, des fourgons. Des paysans passent en courant et en criant. On les suit. Au coude du chemin, des cavaliers du régiment d'Alexandrie escortent, le sabre au poing, une bande de prisonniers qui marchent par rang de trois ou quatre. Les uns portent la casaque brune des Croates; quelques-uns le chapeau noir à cocarde de cuivre des Tyroliens; le plus grand nombre a la casaque blanche à collet jaune ou bleu. Presque tous paraissent très-jeunes et ont à peine des moustaches. J'en compte 312.

« Ce ne sont pas les seuls! » nous crie un cavalier piémontais.

Les prisonniers s'éloignent; à quelques deux cents pas plus loin arrive lentement une charrette que traîne un mulet; six hommes sont assis sur la paille, la jambe ou le bras nus et bandés de linges. Une autre charrette vient après, puis une autre, puis une autre encore: je ne compte plus. Tous ces malheureux causent entre eux; plusieurs fument. Tous ont dans le regard et le visage cette expression singulière où la mélancolie et la douceur se mêlent et qu'on remarque chez les blessés. Les yeux deviennent humides en les regardant; mais on détourne la tête quand par hasard une forme roide s'allonge sous la capote. Un lieutenant-colonel français est assis dans un fourgon, il est blessé au pied.

On questionne ceux qui passent avec cette avidité anxieuse que le bruit du canon excite, et on va plus loin. Les soldats armés de sabres coupent les branches qui gênent le passage des fils électriques et enfoncent les poteaux du télégraphe qui va mettre Novare en communication avec Verceil. Si la route est trop encombrée de fourgons d'artillerie les conducteurs empruntent sur le champ voisin de quoi faire un chemin improvisé. Comme l'âne de la fable, ils tondent sur le pré la largeur de leurs roues.

Des soldats font la sieste sous les mûriers; les marmites du bataillon fument dans les blés. Les bouchers du régiment abattent des bœufs au milieu des foins.

L'autre jour les balles sifflaient partout ici. On dépasse Torione, qui fut un instant le quartier général du roi. La ferme où Victor-Emmanuel a couché est dans un coin du village. Ce n'est plus un palais, ce n'est plus une villa! Le carreau est raboteux, la porte basse; le lit a des rideaux d'indienne.

Voici Palestro, où l'on se battait hier. Des maisons sont criblées de balles; ces clôtures rompues en cent endroits, ces jardins foulés, ces arbres autour desquels pendent des branches cassées, ces berceaux hachés vous disent que là le combat fut acharné. On s'est disputé le terrain pouce à pouce. L'arme blanche s'est ouvert un chemin dans le village. Mais déjà les paysans vont à leurs travaux; les poules gloussent le long des haies; les enfants ramassent des balles et les examinent curieusement. Les morts sont enterrés. La terre, humide encore, cède sous le pied.

On me fait voir le canal dans lequel le régiment s'est jeté, et la hauteur qu'il a gravie en courant. La position était admirablement choisie par l'ennemi. Il avait l'avantage du terrain et du nombre. Il devait vaincre et au contraire il a été vaincu.

Un instant embarrassés par l'eau qui gonflait leurs larges pantalons et les alourdissait, et privés de cartouches, les zouaves ont été décimés par le feu de douze pièces d'artillerie, derrière lesquelles les Autrichiens se croyaient à l'abri. Tout à coup nos soldats ont pris leur élan, tête baissée. On ne les avait pas vus partir qu'ils étaient en haut. Les canonniers meurent sur leurs pièces.

Derrière ce plateau court la rivière encaissée dans laquelle les fuyards sont tombés pêle-mêle. Quelques zouaves, emportés par leur élan, sont tombés avec eux. On regarde sur les berges argileuses la trace profonde des mains qui cherchaient une saillie, une branche, un caillou pour s'y raccrocher, et qui glissaient jusqu'au bord de l'eau.

La rivière, à présent, est muette et tranquille.

Pour le dire en passant, les corps autrichiens engagés dans le combat du 31 étaient formés des brigades Weigl, Dorndorf, Szabo et Kudelka, appartenant aux divisions Jellachich et Lillia, des 1er et 7e corps, agissant sous les ordres du feld-maréchal-lieutenant Zobel.

Aller plus loin est presque impossible. Il faut retourner à Verceil. Autrichiens et Français ont leurs avant-postes à une demi-lieue.

Le 11e bataillon de chasseurs de Vincennes, qui tout à l'heure faisait bouillir le café au pont de la Sesia, file d'un pas vif et alerte par un chemin de traverse. Il rencontrera les habits blancs avant le matin.

Un bruit de chevaux lancés au galop sur la grande route nous fait tourner la tête. C'est l'Empereur qui vient de visiter le champ de bataille.

Le pont de chevalets plie sous le poids des hommes, des chevaux, des voitures. Les 71e et 72e sont en marche. Ils s'ouvrent pour laisser passer les chariots qui portent leurs frères d'armes hors de combat.

Verceil est un camp. Chaque maison a sa petite garnison, chaque chambre d'hôtel a deux ou trois lits. Nous sommes quatre derrière la même porte à l'hôtel *des Trois-Rois*. Deux d'entre nous couchent par terre, tout habillés, sur des matelas; on se relaye. Les sybarites qui veulent de l'eau vont la puiser eux-mêmes dans la cour. Le bruit est infernal. Tout le monde crie, tout le monde appelle. La table est en permanence et tout le monde a faim. On accroche au hasard un verre et un morceau de pain. Guides, chasseurs, grenadiers, cent-gardes, l'artillerie, la cavalerie, l'état-major, toutes les armes, tous les grades envahissent la salle à manger. Il n'y a plus que la nappe, et sur la nappe rien. Quelquefois on obtient une salade.

L'autre soir, le maître de l'établissement et ses garçons, ahuris, et ne sachant auquel entendre au milieu d'une tempête de cris, ont levé les bras au ciel et sont tombés sur des chaises en gémissant. Ils capitulaient.

Ce dîner vague, ce dîner chimérique, on le paye !

A la nuit tombante, on sort et on marche au hasard dans une ville qui a un caractère pittoresque. Voici la *piazza dei Mercanti*. C'est un trapèze tout entouré d'arcades ; mais l'implacable régularité de Turin ne s'y retrouve plus. Ici l'arcade est ogivale, avec un feston de fines sculptures ; là s'arrondit le plein cintre monumental, plus loin la voûte est surbaissée ; ailleurs l'arc s'appuie sur des colonnes écrasées et robustes, et se rattache par un bout à une galerie haute et svelte.

On découvre en se promenant une vieille église, avec de longs clochers de briques coiffés d'arcades romanes. La façade a une double garniture de colonnettes rangées au-dessus des porches. Les tons rouges s'y découpent sur des fonds verts.

Voici maintenant la cathédrale, antique monument qui tiendrait en extase les archéologues et les artistes. Quelle charmante et curieuse architecture ! L'art roman s'y montre dans toute sa pureté. Le porche est sombre et trapu. Tout à côté on a brutalement soudé au vieil édifice un large portique grec, à colonnes ambitieuses, qui semble dérobé à la Bourse de Paris. Des images de saints, peints sur carton, en couronnent l'attique.

Ils gâteraient la cathédrale si on les regardait.

Au-dessus des toits s'allonge un minaret coiffé d'une tour.

Deux rangées de vieux arbres, qui se rencontrent par la pointe et forment un angle aigu, indiquent la place de l'Évêché, où l'Empereur a sa résidence. Des groupes de curieux y stationnent sans relâche. Des officiers d'ordonnance entrent et sortent. Autour de la place, des palais ouvrent leurs larges portes, par lesquelles on entrevoit de larges cours et des terrasses aériennes que portent des colonnades. Des rosiers grimpent le long des arcades.

Les rues se courbent et se tordent capricieusement, ornées de balcons curieux qui les regardent.

Mais dans l'une d'elles deux grands bœufs blancs barrent le passage, liés à un char qui crie sur l'essieu. On regarde : c'est la tête d'un convoi de blessés autrichiens. Passons vite.

Plus loin, un autre chariot vous arrête; on entend un cliquetis de ferrailles, des éclairs s'échappent du char pesant : ce sont des fusils ramassés à Palestro et à Confienza; ils sont pour la plupart tordus et brisés. Ce sont des armes autrichiennes; je reconnais cependant une carabine de nos chasseurs. Plusieurs de ces fusils sont tachés de sang.

Cette nuit, la garde a quitté Verceil. C'est aujourd'hui, dit-on, que le grand mouvement stratégique doit s'opérer. L'attaque projetée s'effectuera sur trois points. Nous sommes maîtres de Robbio. Regardez la carte : ce n'est pas loin de Mortara.

Les prisonniers autrichiens sont partis pour Gênes ce matin au nombre de 600. Beaucoup d'entre eux, qui sont Lombards, déclarent qu'ils ont mis bas les armes volontairement. Leur brigade, qui appartient au corps d'armée du prince Lichtenstein, n'avait pas mangé depuis deux jours. Les soldats se sont jetés sur le pain qu'on leur a donné comme on raconte que les Israélites le firent pour la manne dans le désert. Ils assurent que le général Szabo a été tué.

Quelques-uns des officiers, — onze, je crois, parmi lesquels se trouvait un major, — ont été reçus hier au palais impérial, où ils ont dîné.

Deux capitaines vont, m'a-t-on dit, à Turin, où ils prendront du service dans le corps des volontaires. Ces deux capitaines sont Lombards d'origine.

Puisque l'heure me le permet, j'ajouterai quelques détails à ceux que je vous ai transmis sur les combats du 30 et du 31 mai.

Les soldats du général Cialdini, dans les attaques contre Palestro, ont eu affaire aux régiments Wimpffen et Léopold. Par l'effet du hasard, l'un de ces régiments relevait l'autre aux avant-postes. Vous savez comment les villages de Palestro, Vinzaglio et Casalino ont été occupés par la division Cialdini, aidée par des régiments détachés des divisions Fanti et Durando.

Le lendemain 31, c'est-à-dire hier, les divisions Lillia et Jellachich, dont le frère était le feu ban de Croatie, appartenant au 1er et 7e corps d'armée, ont voulu reprendre les positions perdues la veille.

Les Piémontais ont repoussé l'attaque dirigée contre leur droite et leur centre. Le 3e zouaves, qui occupait la gauche, a fait voir à l'ennemi ce que peuvent les baïonnettes françaises.

Les Autrichiens, en fuyant, ont perdu 5 ou 600 hommes, qui se sont noyés au passage d'un torrent qu'ils avaient à dos.

Ah! un détail qui vous donnera une preuve de l'élan de nos Africains.

Six canons sur huit étaient chargés. Les artilleurs avaient été tués avant d'avoir pu mettre le feu aux amorces.

Le roi Victor-Emmanuel, que le colonel de Chabron, commandant le 3ᵉ zouaves, a eu grand'peine à retenir, a été salué par les acclamations de nos soldats quand il a passé devant le front du régiment.

Il est une heure. Le bruit se répand que l'ennemi a décidément abandonné Novare et Mortara.

L'Empereur part aujourd'hui pour la première de ces villes, où son quartier général va être transféré.

Vous voyez qu'on se rapproche de Milan. On croit toujours, et plus que jamais, que l'armée de l'indépendance y entrera dimanche prochain.

Il ne reste plus que le Tessin à passer.

Novare, le 2 juin.

La nouvelle qui s'était répandue hier à Verceil n'était vraie qu'à moitié, vraie en ce qui touche Novare seulement, et la meilleure preuve que je puisse vous donner de l'abandon de cette ville, c'est que j'y suis.

Mais il peut se faire que la nouvelle tout entière soit exacte à l'heure où je vous écris, bien que la position de Mortara soit considérée au point de vue stratégique comme très-forte.

Ce matin, en suivant la route qui joint Verceil à Novare, on entendait distinctement le canon dans la direction de Casildo.

Le nom de Novare est un de ceux qui se rattachent le plus étroitement à l'histoire des temps modernes. La première campagne du Piémont, le premier effort de l'Italie vers l'indépendance eut son tombeau dans les plaines voisines ; un long silence se fit, un silence de dix années, et voilà que la question est de nouveau posée, mais cette fois c'est un empire qui l'a réveillée, et c'est une grande armée qui est appelée à la résoudre.

On ne peut se défendre d'un sentiment singulier, indéfinissable, à la pensée que les rues que l'on parcourt étaient hier encore — c'est-à-dire il y a vingt-quatre heures — visitées par les patrouilles autrichiennes. Que d'ordres du jour et combien de proclamations datés de Novare et signés comte Giulay !

Aujourd'hui le quartier général de l'armée française y est installé. Le Tessin est à deux heures de nos soldats ; entre eux et la Lombardie il n'y a plus même une étape.

Au moment où hier je fermais ma lettre, le corps d'armée du maréchal Baraguay-d'Hilliers entrait à Verceil ; les régiments de la division Forcy, les 98e, 91e, 84e et 74e, et le 17e bataillon de chasseurs de Vincennes campaient aux portes de la ville ; leurs numéros rappelaient le glorieux fait d'armes de Montebello. Les turcos se lançaient au hasard dans les places et sous les portiques, cherchant des cafés. Les étranges figures et quelles physionomies pour un peintre ! Les Kabyles, aux jambes grêles et nerveuses ; les Arabes, à la barbe aiguë, au teint basané ; des nègres vigoureux, aux muscles saillants ; des

Sahariens, plus souples que des panthères, retrouvaient les zouaves qu'ils avaient vus à Gênes et riaient en montrant leurs dents blanches. Les sons gutturaux de l'arabe éclataient auprès des syllabes mélodieuses et cadencées de l'italien ; les femmes restaient immobiles devant leurs portes, étonnées à la vue de ces hommes bizarres ; les enfants se cachaient dans l'ombre des corridors. Et quelle fantaisie dans les costumes ! Un maure avait un châle rouge roulé autour de ses flancs, et les jambes nues de la cheville au genou ; un nègre superbe et balafré portait coquettement un foulard jaune dont les franges ombrageaient son front d'ébène.

Toutes ces troupes je les ai retrouvées ce matin sur la route, marchant d'un pied ferme vers Novare. Cette infanterie que rien ne lasse, ni la pluie, ni le soleil, fait des miracles tous les jours.

On peut avouer humblement qu'un touriste a rarement l'occasion de suivre dans ses rapides évolutions une armée en campagne. Pour ma part, j'en conviens, l'aventure m'arrive pour la première fois. Hier on ne trouvait plus de voitures à Verceil ; tout ce qui avait forme de véhicule quelconque, tout ce qui était suspendu, attaché, accroché à deux roues avait été requis ou loué pour les besoins de l'armée. Un pauvre cheval attelé à une brouette valait un carrosse. Il semblait que la route qui enjambe la Sesia donnât passage à l'émigration d'un peuple.

Le mouvement avait commencé depuis la veille ; il avait duré toute la nuit, il durait encore à l'heure où je suis parti. Les régiments suivaient les régiments ; les escadrons, les caissons, les fourgons ne laissaient pas entre leurs longues files un espace libre où pût se glisser un chevreau. De Verceil à Novare, c'était comme un serpent gigantesque déroulant ses anneaux.

C'est dans ces circonstances, rares il est vrai, qu'on regrette de n'avoir pas un sabre au côté pour prendre place dans cette procession de baïonnettes. Ce n'est pas qu'on aille bien vite, mais encore faut-il avoir le droit ou tout au moins la possibilité d'aller avec les autres !

La Providence, sous les traits d'un capitaine d'état-major, me vint en aide, et il me fut permis de suivre la colonne.

Le pays qui sépare Verceil de Novare a le même caractère que le pays qu'on trouve entre Santhia et Verceil : des rizières partout, inondées et d'un vert tendre, coupées de légères chaussées et de haies épaisses. Mais l'image de la guerre se fait voir à tous les pas. Les ponts sont rompus et forment avec leurs arches des barrages au milieu des rivières ; les bivouacs ont rasé les champs de blé ; des redoutes étendent leurs glacis aux détours du chemin ; les fermes sont percées de meurtrières ; des chevaux encore sellés sont étendus morts dans les fossés.

Enfin, après quatre heures d'une marche qu'on a faite au pas, parfois attristée par le spectacle de ces ravages, égayée parfois par le refrain d'une chanson, on entre à Novare, qu'on trouve pavoisée des caves aux greniers, et toute remplie d'une foule qui a subi la loi de l'invasion autrichienne pendant un mois et un jour.

Si vous voulez maintenant l'histoire de la conquête de Novare, la voici en quelques mots :

Le général Niel, chargé de l'occuper avec son corps d'armée, a rencontré hier matin une avant-garde de 2 ou 300 hommes qui défendait les bords de la Gogna avec quatre canons.

Le 15ᵉ bataillon de chasseurs à pied reçoit l'ordre d'enlever la position à la baïonnette. Il court, les canons ne tirent pas, les Autrichiens se débandent, oubliant de les emporter, et le torrent est franchi.

Plus loin à Novare, deux canons étaient en batterie à la porte de Milan, sous la garde de 3 ou 400 hommes. A la vue des Français, ceux-ci se décident à faire feu.... une fois, et voilà qu'ils décampent, s'obstinant encore à laisser là leurs 2 canons.

Ça faisait six.

Un citadin de Novare s'approche alors du général Niel et le prévient que les Autrichiens occupent encore le cimetière, au nombre de 300 hommes à peu près, avec 2 bouches à feu. On part, et dix minutes après les 2 pièces d'artillerie et les 300 hommes étaient pris, les uns ne défendant pas les autres.

Ça faisait en tout 8 canons.

Un épisode assez burlesque a marqué ce mouvement. Un chasseur tyrolien était en sentinelle à une lieue de la ville, au coin d'un sentier. Il faisait chaud, et le brave homme ne voyait pas d'ennemis. Il regarde, et met bas sa culotte pour la raccommoder. Pendant qu'il tirait l'aiguille consciencieusement, arrive un brigadier de chasseurs à cheval au galop, le pistolet au poing. Au bruit, le tyrolien relève la tête, mais que voulez-vous que fasse un soldat sans culotte? Il a pris sa carabine par le canon, l'a tendue au brigadier et s'est rendu.

Le prisonnier a pu dire : Tout est perdu.... fors l'aiguille!

Maintenant on assure que le général Giulay est avec 60 000 hommes dans la position de Mortara. Le maréchal Canrobert opère contre lui avec le roi Victor-Emmanuel.

Parmi les blessés amenés hier à Verceil se trouvait un jeune Autrichien de vingt-deux ans, qui a fait toutes ses études à Paris, où il a passé cinq ou six ans. Il se trouvait au combat de Palestro. A la vue des zouaves qui couraient sur l'ennemi la baïonnette en avant : « Camarades, cria-t-il, ce sont les zouaves, nous sommes perdus! »

Un moment après, il tombait, et ses camarades s'apercevaient qu'il avait dit vrai.

Un officier autrichien, qui dînait hier à la gare du chemin de fer, racontait que le général Jellachich, frappé d'étonnement à l'aspect de ces soldats qui s'élançaient au-devant des boulets, s'était écrié : « Mais, ce ne sont pas des hommes, ce sont des tigres ! »

Et il ajouta à demi-voix : « On me l'avait dit, mais je ne le croyais pas. »

Il est question en ce moment de passer le Tessin ce soir même.

Les régiments entrent coup sur coup, musique en tête ; plusieurs ne font que traverser la ville.

Novare, le 3 juin.

Je commence ma lettre par des bruits ; peut-être la terminerai-je par des faits.

Je ne saurais trop le répéter : personne ne sait rien, si près qu'on soit des opérations, et il y a des heures où, à deux pas du palais où l'Empereur a son quartier général, on n'est pas plus instruit des mouvements de l'armée que si l'on était assis dans une stalle, à l'Opéra.

Les raisons de ce mystère, vous les connaissez.

Il m'est impossible de préciser le nombre des soldats qui ont traversé Novare ou qui campent aux environs. Il en arrive et il en part sans cesse. Du haut du grand clocher qui s'élève au-dessus de la ville comme le mât d'un vaisseau au milieu d'une mer, on aperçoit dans la campagne de longues colonnes mouvantes qui sont comme des fourmilières d'hommes. Les routes en sont noires ; un bruit sourd s'en élève et remplit l'espace d'une rumeur confuse. Toutes ces colonnes prennent la direction du Tessin. Sur la ligne du fleuve, ces fumées qui montent lentement indiquent la place de nos bivouacs. Tout là-bas dans la brume, derrière Trecate, c'est le pont de Boffalora qui sert de trait d'union au Piémont et à la Lombardie.

On assure qu'il n'existe plus. Les Autrichiens en ont fait sauter deux arches.

Mais puisque j'effleure le chapitre des bruits, voici quelques-uns de ceux qui circulaient hier au soir et ce matin. Il serait trop long de les énumérer tous. Je choisis.

On prétend que 5000 Autrichiens, cernés par suite des mouvements rapides de nos troupes, ont mis bas les armes, tandis que le gros de leurs forces se concentre derrière le Pô, à Stradella, où le comte Giulay s'est rendu en personne.

Robbio — ne pas confondre avec Bobbio — a été occupé sans coup férir par le corps d'armée du général Mac-Mahon, les Autrichiens ayant abandonné cette forte position, où 150 hommes qui s'étaient barricadés dans une maison ont été faits prisonniers après un échange de quelques coups de fusil.

On a cru qu'une affaire très-chaude avait eu lieu à Trecate, en avant du Tessin. Du haut de ce clocher dont je vous ai parlé, on entendait de continuelles détonations et on voyait beaucoup de fumée de ce côté-là. On ne sait rien encore de positif.

Quelques officiers déclarent que deux ou trois brigades sont déjà sur la rive gauche du Tessin, qu'on a passé sur des ponts de bateaux.

Il est certain que trois équipages de pont ont été dirigés de ce côté.

Rien encore non plus de Mortara qu'on a pris et qu'on n'a pas pris, selon le caprice de la rumeur publique.

A huit heures, ce matin, le roi Victor-Emmanuel, qui était en marche avec une partie de son armée, s'est arrêté au quartier général. Sa présence dans Novare a excité l'enthousiasme de la population. Hommes, femmes, enfants se précipitaient dans les rues comme une avalanche. Cette foule qui courait n'avait qu'un mot : *Il re! il re!* Toutes les mains ont battu, toutes les poitrines ont crié quand on l'a vu à cheval, à la tête de son état-major qui ne connait plus le repos.

Dans la ville, toujours le même mouvement qui donne le vertige. Une sorte d'impatience fiévreuse a saisi tout le monde. On ne pense plus qu'à Milan. Chaque jour de retard semble un vol que nous fait l'ennemi.

Vous savez sans doute que le colonel de Chabron, du 3ᵉ zouaves, a été nommé général par l'Empereur le jour même du combat du 31 mai. Toute l'armée a applaudi à cette nomination. Combien d'autres qui auront gagné des épaulettes avant la fin de la campagne !

Faut-il maintenant que je vous parle de la Lomelline, que je traverse, comme je vous ai parlé du Vercellais ? Par le fait même de la guerre il y a eu des champs ravagés, des récoltes perdues, des fermes abîmées, des bois abattus, mais de traces de violences on n'en voit nulle part. Les boutiques d'horlogers qui émaillent la *contrada di Milano* sont fort honnêtement pourvues de montres et de pendules, et les officiers trouvent aisément à remplacer les bottes que les marches usent trop vite. De ce côté-là il ne paraît pas qu'on ait rien pris.

Les hôteliers racontent que les officiers autrichiens ont toujours payé en bon argent et non pas en papier; les marchands répètent la même chose. Ce qui est vrai, ce sont les réquisitions. L'armée autrichienne a voulu vivre aux dépens du pays occupé, sinon conquis, et elle a vécu. On a même trouvé dans les fossés de la ville un beau troupeau de bœufs qui formait l'avant-garde d'une colonne de six cents têtes de gros bétail que l'état-major autrichien avait requis.

Livraison devait en être faite samedi prochain avec une somme ronde de 300 000 francs que l'intendance voulait faire passer des bourses novaraises dans les caisses de l'armée.

L'arrivée du général Niel a interrompu cette négociation.

Hier un instant le désespoir a visité notre armée. Officiers, caporaux, soldats et trompettes gémissaient, et plusieurs tambours parlaient de se brûler la cervelle avec leurs baguettes.

Les Autrichiens avaient emporté tout ce qu'il y avait de tabac dans la ville. Ah! les mécréans? Toutes les pipes étaient veuves! Pas même un pauvre *cavour* à mettre entre les lèvres!

Vous savez sans doute qu'on appelle ainsi dans tout le Piémont, de Gênes à Chambéry, un certain cigare mince, noir et long, qui se vend un sou. Ceux-là le déclarent parfait, ceux-ci détestable; mais, bon ou mauvais, il n'y en avait plus.

Jamais on ne vit grenadiers plus tristes et chasseurs plus affligés. C'était l'abomination de la désolation, le déluge, la fin du monde! Avec quelle joie l'armée n'aurait-elle pas couru vers Milan, eût-il fallu traverser le Tessin à la nage, pour marcher à la conquête des cigares et du tabac ravis par les Autrichiens!

Aujourd'hui la gaieté est rentrée dans tous les cœurs, et chaque pipe secoue ses cendres. Les fourgons ont approvisionné les magasins. On faisait queue aux portes depuis l'aurore.

C'est que le tabac est pour l'armée non moins utile que la poudre; c'est le compagnon de la marche et du bivouac. Il console et délasse.

J'imagine que les Autrichiens payeront cher les heures d'angoisses que nos soldats ont passées à Novare.

Jamais ville italienne n'a vu quelque chose de plus étrange que nos turcos ! On voit parmi eux des profils qui font penser aux reitres des vieilles guerres. On dirait que quelques-uns d'entre eux ont été habillés par Décamps. Ils ont la souplesse des chacals, et quelque chose dans les mouvements qui rappelle la race féline. Il en est qui ne parlent et ne comprennent que l'arabe. En promenade, et pour être plus libres dans leur allure, ils suspendent par une ficelle le bout de leur sabre-baïonnette qui ne bat plus leurs jarrets.

Les turcos ont leur camp en dehors de la ville; en deux tours de main le pré qu'on leur avait abandonné était couvert de gourbis sous lesquels ils dormaient ou chantaient des chansons bizarres. Hier on leur a livré trois bœufs pour le dîner.

Voilà deux jours que les novaraises passent leur vie sur les balcons. C'est un peu bien dangereux. Le cigare et la pipe n'occupent pas tous les loisirs de messieurs les Turcos, et sitôt qu'ils aperçoivent à l'angle d'un carrefour des cheveux un peu vagabonds coqueter à vingt pieds au-dessus du sol, on les voit rôder, les yeux enflammés, autour des murailles, *quærens quem devoret*.

Hâtons-nous de dire qu'ils ne montent pas à l'assaut.

Novare a moins de caractère que Verceil. On y bâtit, à côté de la cathédrale, une tour que l'arrivée des Autrichiens a interrompue dans son ascension et qui rappelle la fameuse tour penchée de Pise, avec cette différence essentielle qu'elle ne sera pas penchée et qu'au lieu d'être en marbre elle est en briques avec des colonnades de pierre.

On retrouve ici ce système de numération qu'on remarque dans certaines villes d'Allemagne et qui fait le désespoir des étrangers. Le numéro 37 est à côté du numéro 542 et le numéro 16 en face du numéro 369. Cherchez si vous voulez, et débrouillez-vous si vous pouvez.

Voici que l'on commence à avoir des renseignements à peu près certains. C'est l'armée sarde qui hier a occupé Robbio. Le roi l'a annoncé lui-même ce matin à l'Empereur.

Le général Camou avec les voltigeurs de la garde a passé le Tessin hier et s'est avancé en Lombardie. Trois ponts jetés par le génie assurent nos communications. Les voltigeurs occupent Turbigo.

L'armée autrichienne est en pleine retraite. Les corps qu'on a rencontrés depuis deux jours à Novare, à Robbio, à Mortara, ne tiennent nulle part. Aux premiers boulets, souvent même à la vue seule des pantalons garance, les régiments ennemis abandonnent précipitamment leurs positions. Le général Camou a écrit que la seule peine qu'il avait eue en passant le Tessin avait été de démolir les ouvrages élevés par les Autrichiens.

L'ennemi a-t-il pris le parti de se retirer vers ses places fortes ou ce mouvement cache-t-il un projet de concentration? On ne peut tarder à le savoir.

Le bruit s'est répandu à midi que l'Empereur et la garde quittaient Novare et se dirigeaient vers Milan. On n'y croit pas. Mais ce qui paraît sûr, c'est que Mortara est définitivement abandonné sans combat.

Novare, le 4 juin.

La retraite de l'armée autrichienne continue à être ici le sujet de tous les entretiens; on en parle dans les salons du quartier général comme sous les abris de feuillages que les soldats ont bientôt bâtis aux dépens des arbres voisins. Qu'est-elle devenue ? où la rencontrera-t-on?

« Parbleu! disait un zouave qui hier faisait cuire sa soupe au coin d'un bois, c'était une boule de neige : elle a fondu au feu ! »

Sans accepter dans son plein cette explication un peu trop imagée, on ne peut pas comprendre que l'ennemi oppose si peu de résistance.

Les étourdis croient volontiers que les troupes sont démoralisées; les habiles voient dans cette retraite le résultat d'un plan dont l'exécution nous fera rencontrer l'armée tout entière derrière le Tessin.

En attendant on raconte des faits bien singuliers et qui font qu'on se demande où sont passés les régiments hongrois, et ces fameux bataillons des colonies militaires, et ces bandes croates qui couraient au feu en poussant des hurrahs.

Lors du mouvement offensif du 31 mai, les divisions Lillia et Jellachich ne comptaient pas moins de 20 000 hommes, de l'aveu des officiers. Elles étaient couvertes par un canal profond, protégées par une hauteur et défendues par une batterie dont l'assiette avait été bien étudiée. Et trois bataillons de zouaves enlèvent tout, renversent tout!

« C'est à n'y rien comprendre, disait un major fait prisonnier ce jour-là; nous étions persuadés que notre position était inexpugnable. Quand nous avons vu ces hommes courir au-devant des bouches à feu qui tiraient à mitraille, sauter dans le canal, gravir la berge et courir encore sans lâcher un coup de fusil, nos bataillons ont tremblé comme un troupeau de moutons au milieu desquels tombe un loup; rien n'y a fait, ni les ordres, ni les menaces; ils se sont débandés.... Et cependant ces soldats sont braves et disciplinés.... ils resteraient tout un jour impassibles sous le feu.... mais cette manière de faire la guerre, cet abordage à la baïonnette les terrifie.... Je vous l'ai dit, je n'y comprends rien. »

On a vu à ce même combat du 31 des soldats lever leurs crosses en l'air et tomber à genoux; d'autres jetaient leurs armes et restaient immobiles comme paralysés.

Dans la mêlée, un zouave (je le vois encore avec sa longue barbe épaissie par le sang) reçoit au visage un coup de baïonnette mal assuré qui lui déchire la joue. Il regarde son adversaire et hausse les épaules :

« Imbécile ! lui dit-il, est-ce comme ça qu'on lance un coup de baïonnette ? tiens, voilà comment ça se pratique ! »

Et il enfonça jusqu'à la garde son arme terrible dans le corps de l'Autrichien.

Que voulez-vous faire contre de pareils hommes?

Une chose qui ne laisse pas de surprendre encore, c'est la jeunesse extrême des soldats faits prisonniers. La plupart n'ont que seize, dix-sept ou dix-huit ans. Cette jeunesse peut expliquer jusqu'à un certain point l'abandon que ces pauvres soldats faisaient d'eux-mêmes.

Un caporal, qui ramenait cinq prisonniers au bivouac, les pousse vers son capitaine :

« Tenez, mon capitaine, dit-il, en voilà cinq.... Le métier devient ennuyeux.... merci; on n'est pas fait pour conduire des agneaux !

Et il s'en va furieux.

Pendant toute la journée qui a suivi le 31 mai on a ramassé dans les blés beaucoup de ces malheureux qui grelottaient et n'osaient pas remuer. Ils se portaient d'ailleurs comme des anges.

Ça changera peut-être devant le fameux quadrilatère.

Hier le canon a grondé parfois. Une promenade vers le Tessin le faisait entendre distinctement, mais par lentes détonations. L'armée autrichienne a cette habitude de tirer quand elle bat en retraite ; c'est peut-être pour égayer sa marche ; aussitôt qu'elle aperçoit un escadron en vedette, elle envoie trois ou quatre boulets à longue distance, 15 ou 1 800 mètres ; les boulets tuent quelques vignes, blessent deux ou trois mûriers, et l'on s'en va.

Je crois qu'on appelle ça assurer ses derrières.

Au demeurant, les alertes sont de tous les jours ; avant-hier, le 52ᵉ de ligne, qui est campé à un quart de lieue de Novare, est tout à coup, en plein jour, tiré du repos par le cri : *aux armes !* Le régiment, qui faisait la soupe, court aux faisceaux et se met en ligne de bataille. On était assez lestement vêtu. Une reconnaissance autrichienne forte d'à peu près 1000 hommes se promenait aux environs. On échange une centaine de coups de fusil qui ne touchent personne, les Autrichiens se retirent et nos soldats retournent à leurs marmites.

Si vous le permettez, nous profiterons de la trêve bien courte que nous accorde la guerre pour visiter un peu Novare et ses environs.

On dit que la ville est grave et silencieuse dans les temps ordinaires. Je doute alors que les habitants la puissent reconnaître : on y fait un tapage à ne plus s'entendre. Les belles dames de l'endroit, tout heureuses de ce bruit, se font voir en bonnes petites robes de soie ou d'indienne bien tendues sur des cages qui les font ressembler à des sonnettes, et se promènent partout en ce galant équipage. Boutiquières et marquises jureront sur leur âme qu'elles sont à la dernière mode de Paris. Il faut leur laisser cette illusion.

Les glacis de certains vieux bastions qui font semblant de défendre la ville du côté de Verceil sont plantés de beaux marronniers sous lesquels on va prendre le frais. C'est la promenade élégante.

On y jouit d'une vue immense sur la campagne qui déroule jusqu'aux Alpes ses plaines interminables. Rien de plus frais et de plus vert, rien qui charme plus le regard, mais rien aussi de plus trompeur que cette perspective!

Toute promenade est impossible dans ces lieux champêtres. D'abominables rizières, non moins productives que malsaines, y dessinent leurs trapèzes et leurs triangles couverts d'eau, et à moins d'emprunter aux habitants lointains des Landes le secours de leurs échasses, il devient impossible de risquer un pied dans ces figures géométriques qui prennent un bain. Il suffit d'une pluie légère pour transformer en canaux les chemins de traverse, et l'on rencontre à l'extrémité de chaque champ un cours d'eau dans lequel se rafraîchit une haie.

Ce n'est pas dans la Lomelline que les courses au clocher auraient pu être inventées.

D'honnêtes régiments qui, sur la foi du paysage, avaient tendu leurs tentes dans une prairie, ont découvert à minuit qu'ils bivouaquaient dans un marais. Le lit d'herbes avait sombré et les fantassins dormaient dans des baignoires.

J'ai parcouru de berge en berge et de sentier en sentier les champs de la Bicoque où le sort des armes trahit le malheureux Charles-Albert. Là, près de cette métairie est la plaine où à la tête de 300 cavaliers il soutint le choc de l'armée autrichienne et fut tiré de la mêlée par une charge des chevau-légers d'Alexandrie; là est le chemin par lequel il se retira après avoir fait tout ce que peuvent le courage d'un soldat et la prévoyance d'un chef. Mais je ne suis pas assez versé dans la stratégie pour vous faire l'histoire topographique du triste champ de bataille de Novare. Le Piémont porte le deuil de cette journée depuis dix ans. De nouveaux jours, des jours glorieux vont lui en faire perdre le souvenir.

Le 86ᵉ et le 52ᵉ campaient dans ces mêmes champs avec une nombreuse artillerie et quelques escadrons. Tandis que la fumée s'élève de mille petites cuisines improvisées le long des sentiers, des voltigeurs alertes cueillent le dessert de la compagnie dans les cerisiers voisins.

Les oranges sont un objet de curiosité à Novare, et l'on donnerait dix paniers de fraises pour un citron. Cela s'explique par la rupture du chemin de fer qui a interrompu les communications avec Gênes. Et à propos de cette rupture il faut croire que les soldats autrichiens, manquant de distraction, ont joué à qui casserait les rails en plus petits morceaux. Ce ne sont plus même des morceaux, ni même des débris, ce sont des miettes de fer. Voilà une œuvre faite en conscience et qui a dû demander à l'armée du comte Giulay non moins de temps que de patience.

S'il n'y a pas de citrons, — et cela fait trembler aux approches de l'été, — il n'y a pas non plus de gaz, et ce parce qu'il n'y a pas de houille. Si vif et si sincère qu'ait été l'enthousiasme des Novarais, l'illumination de la ville n'a pu promener ses girandoles et ses guirlandes qu'à l'aide de bouts de chandelles. Ces mêmes chandelles servent à l'éclairage de la ville; elles brillent sur les becs de gaz humiliés.

Les boutiques de marchands de gravures sont ornées de milliers d'estampes que les caves ont dû cacher aux regards autrichiens pendant de longs jours. Que de Napoléons passant le mont Saint-Bernard! Que de batailles de Wagram et de Marengo ! que de prises de Malakoff ! que de charges de cavalerie conduites par Murat en personne ! Mais, par exemple, ici comme à Verceil, ces feuilles de papier, où le burin célèbre les hauts faits de l'armée française, sont accompagnées de lithographies où nous sommes furieusement battus et pourchassés par les assiégés de Rome ; jamais on ne mit tant de chasseurs de Vincennes en déroute. On y remarque le terrible Garibaldi à cheval dans toutes les attitudes.

Les marchands de Novare ont une manière toute spéciale d'entendre le commerce. Ils ont horreur de la vente et ne mettent pas moins d'adresse que d'obstination à éloigner les chalands. C'est à leur corps défendant qu'ils cèdent l'objet qu'on leur demande, et si après l'avoir examiné on hésite à en faire l'acquisition, ils vous démontrent avec des sourires engageants que vous n'en avez vraiment pas besoin.

Il serait peut-être urgent de mettre un de ces industriels dans les collections de curiosités. L'espèce ne peut pas manquer de se perdre.

Les femmes de la campagne portent ici des espèces de patins en bois, taillés en forme de babouches, avec cette différence qu'ils sont armés de hauts talons. La cavité où se loge le bout du pied est en étoffe de laine, quelquefois en velours. Ces mules ne manquent pas d'une certaine élégance. Le fâcheux est qu'à moins d'en avoir une longue habitude, il est impossible de les porter. Quand les villageoises veulent marcher un peu vite, crac ! elles ôtent leurs mules et s'en chaussent les mains.

Vous en verrez bientôt arriver une cargaison à Paris; les officiers en font provision pour leurs connaissances. C'est un bibelot qui a de la couleur locale.

Les fabricants sont tout chagrins de voir qu'on en achète en si grand nombre.

Ah ! la nouvelle est arrivée hier au soir, apportée par des officiers d'état-major, que le pont de Boffalora était sain et sauf.

On s'était trop empressé d'en faire sauter deux arches dans les conversations. Les Autrichiens n'ont pas le caractère si mal fait.

On s'est un peu battu à Turbigo, où, pour la première fois, les turcos, qu'on avait vus si galants à Novare, ont donné. Ils ont voulu prouver qu'ils savaient manier la baïonnette comme leurs frères d'armes d'Afrique, et les Autrichiens n'ont pas tenu devant leur élan. La perte a été insignifiante.

Je viens de voir passer tout à l'heure un voltigeur de la garde blessé d'un coup de feu à la jambe. A la question qu'on lui a faite, il a répondu qu'il avait été frappé *sous les murs de Milan.*

Sauf meilleur avis, je crois que la montre du brave voltigeur avance un peu.

Jamais soleil plus doux n'a éclairé les plaines de la Lombardie. Est-ce une galanterie du printemps? Les augures de la vieille Rome n'auraient pas manqué d'y voir un présage.

Novare, le 5 juin.

La montre de mon voltigeur n'avançait pas tant que ça. Les coups de canon tirés sur la rive gauche du Tessin s'entendaient parfaitement de Milan. Le désordre y était extrême ; on ne comptait plus que quelques milliers d'Autrichiens dans la ville et le Château, et un vetturino, ami des aventures, avait pu, sans être inquiété par la police, pousser de Milan jusqu'aux frontières du Piémont.

On assurait que les têtes de colonnes françaises pouvaient, dès hier au soir, envoyer leurs vedettes dans les faubourgs de la capitale de la Lombardie ; mais on ajoutait que l'Empereur réservait à Sa Majesté le roi de Sardaigne l'honneur d'y entrer le premier. Défense avait donc été faite à nos troupes d'y laisser pénétrer une patrouille ou même une sentinelle.

Une victoire devait marquer cette journée du

4 juin. Hier, vers onze heures, la division des grenadiers de la garde s'est heurtée contre un corps de 40 à 50 000 Autrichiens qui s'étaient massés dans une forte position défendue par des ouvrages de campagne.

Le choc a été terrible; pendant plus de deux heures les trois régiments de grenadiers et le régiment des zouaves de la garde ont résisté aux efforts de cette armée qu'ils ont brisée par un de ces élans énergiques qui rendent notre infanterie si redoutable. Le village et la position étaient en leur pouvoir lorsqu'au moment où les forces ennemies, ramenées par leurs généraux, reprenaient résolûment l'offensive, les corps d'armée du général Niel et du général Mac-Mahon ont paru sur le champ de bataille.

La victoire ne pouvait plus être douteuse; après une lutte acharnée, qui ne s'est pas prolongée moins de sept heures, l'ennemi, chassé de toutes ses positions, battait en retraite sur tous les points.

Cette fois, on a rencontré l'armée autrichienne, et, disons-le, elle s'est vaillamment comportée. On n'a pas vu les régiments jeter les armes et fuir au premier choc. Elle a défendu l'honneur du drapeau, et si elle a cédé le terrain, c'est qu'elle avait à combattre des soldats animés d'une furie que rien ne peut abattre ou lasser.

Le général Mellinet, qui commandait la 1re division

de la garde, a été magnifique de résolution et d'entrain. Admirablement secondé par ses lieutenants, il a donné le signal de l'attaque à la baïonnette qui a rompu les lignes autrichiennes.

Mais la mort de l'un des plus brillants officiers de notre armée a payé ce succès éclatant ; un soldat de l'Afrique et de la Crimée, le général Cler, est tombé glorieusement sur le champ de bataille.

Ce vaillant homme de guerre emporte avec lui les regrets de tous ceux qui l'ont connu.

L'Empereur assistait en personne à cette affaire si glorieuse pour nos armes.

L'absence du quartier général ne me permet pas de vous donner de nombreux détails ; ils seraient d'ailleurs devancés probablement par le bulletin officiel. Voici cependant ceux que j'ai pu recueillir :

12 000 ou 15 000 hommes, la plupart Autrichiens, sont restés sur le champ de bataille et attestent l'acharnement de la lutte.

On a fait 7000 prisonniers et pris des pièces de canon. Mais un si grand résultat a été acheté par des pertes cruelles. Le général Espinasse, qui commandait une division du corps du général Mac-Mahon, est aussi, dit-on, au nombre des morts, ainsi que trois ou quatre colonels et un assez grand nombre d'officiers supérieurs.

Le général Mellinet a eu deux chevaux tués sous lui, ainsi que le général Mac-Mahon.

Toutes les troupes ont rivalisé d'élan, de ténacité, de résolution. Le 3ᵉ grenadiers, engagé le premier, a soutenu pendant une heure le feu et les efforts d'une colonne de 7 à 8000 Autrichiens qui n'ont pu l'entamer.

Toute la cavalerie, qui était encore ici hier au soir, a reçu ordre de partir immédiatement et de passer le Tessin. Il n'y a presque plus de troupes à Novare.

L'Empereur a marché dès le matin sur l'armée autrichienne, qui se dirige, dit-on, vers Crémone.

Vous comprenez qu'en l'absence de tous documents officiels, il faut accepter les renseignements que je vous donne comme des bruits seulement. Le seul fait bien réel et bien grand, celui qui domine tout, c'est une victoire.

La Lombardie est glorieusement ouverte aux armes françaises.

Pour me tenir au courant et le plus près possible des événements, je pars dans une heure pour Milan, d'où je daterai probablement ma prochaine lettre.

P. S. On assurait, au moment où je fermais cette lettre, qu'une brigade française est entrée à Milan cette nuit. Le Piémont est entièrement abandonné par les troupes autrichiennes. La guerre est portée sur le territoire qu'on veut affranchir.

Boffalora, le 6 juin.

Je vous le disais hier, on a trouvé l'armée autrichienne, et depuis la journée du 4 la guerre a pris un caractère sérieux. Officiers et soldats le proclament : ils ont rencontré des adversaires dignes d'eux.

Aucune parole ne saurait vous peindre l'émotion qui s'était emparée de Novare dans la soirée de samedi. Vers sept heures seulement, le bruit vague qu'une bataille avait été livrée aux bords du Tessin s'était répandu dans la ville. On manquait de renseignements ; les plus instruits savaient deux choses : que la victoire nous était restée, et que la 1re division de la garde, composée des grenadiers et du régiment des zouaves, avait terriblement souffert.

On savait encore que le général Cler était tué.

On cherchait, on s'informait, on questionnait.

Les personnes qui ont leurs entrées au grand quartier général y couraient. Là la nouvelle de la victoire était confirmée, mais on était sobre de détails. On avait vu partir à midi l'Empereur dans une voiture à quatre chevaux, accompagné du général Fleury et de quelques officiers d'ordonnance; un peloton des cent-gardes l'escortait. On apprenait que dans la soirée on avait reçu au palais qu'il habite l'avis qu'il ne reviendrait pas, et ordre d'expédier le dîner à San Martino.

Au nom du général Cler, si universellement regretté, on ajoutait cependant celui du général Espinasse et ceux des colonels Drouhot, du 65ᵉ de ligne, et de Chabrière, du 2ᵉ régiment étranger.

Je vous laisse à penser si toutes les imaginations étaient en éveil et quelles émotions nous agitaient tous.

Dans la journée, et pour me rendre compte des lieux, j'avais poussé d'abord jusqu'à Galliate, puis jusqu'aux bords du Tessin, puis jusqu'à Turbigo, sur la rive lombarde. Les trois ponts de bateaux étaient chargés à croire qu'ils allaient crouler sous le poids de l'artillerie et des bataillons. On voyait à l'horizon des flocons de fumée qui couraient dans la plaine, et on entendait de sourdes détonations qui rompaient le silence à intervalles inégaux. Le roi de Sardaigne passait en ce moment sur le territoire où pendant les terribles années de 1848 et 1849 il avait combattu. Il s'arrêta sur un tertre, prit une longue-vue et regarda au loin. On ne voyait de sentinelles nulle part, et nulle part de vedettes. La solitude était profonde partout ; rien que les colonnes qui défilaient lentement sur les ponts, suivies lentement par d'autres colonnes. Il pouvait être alors six heures du soir.

A ce moment-là le combat, engagé dès le matin, durait depuis neuf heures. Il ne s'est terminé qu'à la nuit, après dix heures d'une lutte acharnée. Nos régiments étaient alors maîtres des positions occupées avant la bataille par les Autrichiens.

Que vous dirai-je à présent de la bataille que vous ne sachiez ? A défaut des renseignements officiels que le télégraphe nous a apportés, laissez-moi vous donner la physionomie de l'armée et du pays. Elle a son intérêt. Sur les récits qu'on faisait partout de l'entrée des Français à Milan et de la marche de l'Empereur vers la vieille cité lombarde, je suis parti à six heures du matin. Toute la maison militaire et la maison civile avaient quitté Novare, se dirigeant vers San Martino, par Trecate.

On n'avait pas fait une demi-lieue qu'on se trouvait en plein dans le mouvement de l'armée. On n'apercevait ni la queue ni la tête des convois. Par tous les chemins, par toutes les routes, sur la voie ravagée du chemin de fer, les batteries d'artillerie, les régiments de ligne, les fourgons de bagages se prolongeaient à l'infini, accourant de tous les points de l'horizon. Leur silhouette mouvante se profilait sur le fond vert des blés. Souvent les colonnes s'arrêtaient. On venait de se rencontrer à l'angle de deux routes; l'une passait, puis l'autre à son tour s'ébranlait. Des bataillons à qui l'on donnait une heure de repos dormaient étendus par terre au soleil; au premier appel du tambour, ils reprenaient les sacs et partaient. Dans les champs, à l'écart, des paysans se hâtaient de dépouiller des chevaux morts. Des soldats coupaient des branches vertes pour alimenter le feu des gamelles, et les chevaux, tout sellés, broutaient au hasard un brin d'herbe ou les pousses de haies hachées en cent endroits.

Des champs de blé étaient rasés comme si la faucille les avait tondus. Des rangées d'arbres coupés par le pied montraient assez que le bivouac de la veille avait eu besoin de bois. On enterrait des mulets dans un coin. On achevait de démolir une grande maison pour en tirer les poutres et les madriers. Des ouvriers dressaient des poteaux pour y suspendre les fils de fer du télégraphe électrique.

Cependant, à toute minute, on voyait arriver des chariots de ferme et des prolonges chargés de blessés, assis ou à demi couchés sur quelques brins de paille. Grenadiers et voltigeurs de la garde, zouaves, soldats de la ligne, artilleurs, passaient pêle-mêle, tous calmes et sereins comme de braves gens qui ont la conscience du devoir accompli. On ne comptait plus ces lugubres charrettes, entre lesquelles marchaient, çà et là, des groupes de prisonniers.

Quand les chariots, par douzaines, avaient disparu derrière un coude du chemin, emportant cette moisson de la mort, d'autres blessés arrivaient à pied, lentement, appuyant leur marche sur un bâton, mais fiers et la tête haute. Parfois ils s'arrêtaient auprès d'un ruisseau et trempaient dans l'eau fraîche leurs bras héroïques, tout rouges encore du sang des batailles. Puis ils reprenaient leur voyage, la capote ouverte, pâles et silencieux.

Que la gorge est serrée sur le passage de toutes ces infortunes! Ah! le temps n'est plus où le cœur me sautait dans la poitrine à leur aspect.... il étouffe!

A mesure qu'on approchait de la station de San Martino, l'encombrement devenait de plus en plus formidable. A la vue de toutes ces colonnes sans limites, on aurait dit les branches d'un éventail gigantesque se rattachant par leur extrémité à un point central.

A San Martino, dernière station du chemin de fer sur le territoire piémontais, c'était comme une ruche d'hommes, de chevaux, de canons. Sous chaque rameau de vigne il y avait un soldat; jardins, vergers, landes, plants de maïs, tous les taillis, toutes les cours, tous les bosquets, tous les hangars, étaient remplis de fantassins et de cavaliers. Il était impossible de savoir où les habitants reposeraient leurs têtes.

Un terrain vague qui précède le village était comme un champ de foire ; les tentes y dressaient leurs cônes dans un dédale de feux de bivouac qui pétillaient sous les marmites. Des soldats arrachaient quelques pommes de terre dans un potager voisin ; d'autres charriaient sur leurs épaules des fagots tout verts de feuilles.

Des travaux de campagne solides et bien entendus coupaient ce terrain en avant de la station et commandaient la plaine où rien n'aurait pu abriter les colonnes en marche contre les boulets.

Il fallait passer au-dessus d'une redoute élevée par les Autrichiens pour pénétrer dans la gare. De profondes tranchées en défendaient les approches. Des gabions étaient encore debout, quelques boulets avaient roulé dans les fossés.

On faisait quelques pas encore dans un labyrinthe de fusils en faisceaux, de canons, d'ambulances, de chevaux attachés aux piquets, de hussards, de chasseurs, de lanciers endormis ou debout, et on arrivait à l'auberge où l'Empereur avait son quartier général.

Quelle auberge ! Une enseigne et les quatre murs; ni table, ni chaise, rien !

Il y avait quelque chose de profondément triste dans l'aspect et le bouleversement de ces lieux, où tout avait été créé par le travail pour le travail. On n'entendait plus le sifflet de la vapeur, on ne voyait plus ce peuple d'ouvriers que fait vivre le commerce. Quelle différence entre la destination pacifique des bâtiments de la station et l'usage terrible auquel on les employait ! Sur le haut des portes on voyait encore les inscriptions si connues : *Salle des 1re et 2e classes.... Bagages.... Chef de la station.... Bureau du télégraphe.... Marchandises à grande vitesse....* Tout cela rappelait le mouvement actif de l'industrie; mais il n'y avait plus ni portes, ni fenêtres, ni bancs, ni bureaux : wagons et locomotives, tout avait disparu.

Une colonne de prisonniers encombrait une grande maison voisine ; on en voyait plusieurs qui fumaient aux fenêtres. Des soldats harassés dormaient par terre dans la gare des marchandises; les chevaux de l'Empereur et de sa maison étaient parqués dans le bâtiment, j'allais dire l'écurie des locomotives. Les salles destinées aux voyageurs étaient converties en ambulances, ainsi que le magasin des bagages. Sur des bottes de paille gisaient une centaine de blessés autrichiens et français, un Croate près d'un grenadier, un zouave à côté d'un Tyrolien. Un chirurgien pansait un Hongrois qui avait une balle dans la poitrine. Pas un gémissement, pas un soupir, mais ces regards dont je vous ai parlé et qui vous remuent les entrailles.

Un pauvre soldat de la Bohême, couché contre un des piliers du quai de la gare, râlait, les yeux à demi-clos ; il avait ce mouvement inquiet et convulsif qu'on remarque chez ceux qui vont mourir.

Cependant des officiers d'état-major allaient et venaient en grande hâte. Le maréchal Baraguey-d'Hilliers, assis au coin d'une masure, surveillait le passage de ses divisions. Un peloton des cent-gardes était à cheval, le sabre au poing. Les régiments s'engouffraient sur le pont de Boffalora.

La distance qui sépare le Tessin de Boffalora est à peu près la même que celle qui sépare San Martino du Tessin. Seulement la configuration du terrain n'est plus la même.

La tranchée profonde qui coupe le plateau de San Martino, et par laquelle le chemin de fer aborde le Tessin était toute remplie d'une foule armée qui marchait lentement sur deux files, tandis que les lourds canons sautaient sur les rails. Cette tranchée couvrait comme un fossé les ouvrages de défense abandonnés sans combat par les Autrichiens. Un peu plus loin elle rencontrait les rives plates du fleuve, s'élevait en remblai et gagnait le pont inachevé qui reliera le Victor-Emmanuel aux chemins de fer Lombards.

Au delà du pont monumental de Boffalora, sous lequel le Tessin passe en écumant, une chaussée part de la rive et s'élève par une pente assez douce d'abord et puis roide tout à coup jusqu'au village que défend un canal profond sur lequel est un pont. Les déclivités qui relient Boffalora à la rive se terminent par une sorte de marécage au milieu duquel la chaussée passe sur un fort remblai, que le chemin de fer côtoie sur la droite à une petite distance. Tout en haut sont, d'un côté le bâtiment de la douane qu'on reconnaît à sa colonnade, et de l'autre une hôtellerie.

Mettez sur le village des tuiles rouges et dans la plaine de grands blés verts, et vous aurez le paysage. Des galets et des sables plaqués çà et là de flaques d'eau et de taillis de saules accompagnent les bords du Tessin et en élargissent le cours. La campagne, plus au loin, est plate, avec ces horizons verts du Milanais, au milieu desquels s'allongent de hautes chaussées. Toute la plaine est coupée de baies et de cours d'eau, et par conséquent impraticable, ou à peu près, à l'artillerie et à la cavalerie, qui trouvent devant les canons et les chevaux des rizières et des prairies inondées.

C'est par la chaussée qui part du pont de Boffalora que nos bataillons, jetés sur la rive gauche du Tessin, devaient aborder le village et les hauteurs où 50 000 Autrichiens avaient mis une nombreuse artillerie en position.

C'est là que les trois régiments de grenadiers et le régiment des zouaves de la garde ont soutenu le combat pendant quatre heures, et que le brave général Cler est tombé, après avoir ramené six fois sa brigade à l'assaut du village.

Le feu décimait cette poignée d'hommes, lorsque le maréchal Canrobert est arrivé au pas de course avec une division, puis le général Niel avec une autre. Les Autrichiens, écrasés, ont dû abandonner toutes les positions, laissant des milliers de cadavres sur le champ de bataille, et entre les mains des vainqueurs 6000 prisonniers.

Le général Espinasse est tombé traversé par une balle au moment où il arrivait sur le terrain du combat avec sa division. Son officier d'ordonnance est tombé comme lui.

Voulez-vous avoir un témoignage de la confusion qui règne au milieu des renseignements qu'on fait circuler et des *on dit*? Le nombre des pièces d'artillerie prises a varié de trente-six à deux, oui, à deux. Le bulletin officiel prononcera.

Un chiffre vous donnera une idée de l'acharnement de la lutte. Un régiment de ligne, le 85e, a eu son colonel et son lieutenant-colonel blessés, deux commandants tués, le troisième commandant et six capitaines atteints, morts ou blessés. Deux soldats qui venaient de conduire le colonel à Trecate m'ont assuré que le régiment ne comptait plus que cinq ou six cents hommes debout.

Dieu veuille qu'ils se trompent!

Il faut, en somme, se méfier des exagérations.

Un homme qui tombe au milieu de ce feu épouvantable a peine à croire que tout le monde ne tombe pas comme lui. Il voit tourbillonner son régiment dans la fumée. Il se relève, il s'imagine que tout a disparu.

Puis, quand le canon ne gronde plus, les hommes rentrent, on se rallie autour du drapeau, et le régiment, qui semblait ne plus exister, peut mettre encore en ligne un nombre respectable de fantassins.

Un détail encore en passant. C'est un éclair qui met en relief un des côtés à la fois sublimes et terribles de la guerre.

Le clairon du colonel de ce même régiment, dont les pertes sont si cruelles, le 85e, s'était jeté, sur l'ordre de son chef, dans un ravin, et avait mis la main sur le collet d'un capitaine autrichien. « Rends-toi! crie-t-il à l'officier, qui cherche à se défendre.

— Non! » répond le capitaine.

Le clairon fronce le sourcil.

« Voyons, suis-moi ou je te brûle! répond-il.

— Non! jamais! » s'écrie l'ennemi avec une sombre résolution.

Les balles arrivaient sur le clairon. Il plante sa baïonnette dans le flanc de l'officier et lâche le coup.

« Et j'ai rapporté le sabre du capitaine à mon colonel! » ajouta le clairon.

Le drapeau de son régiment a été *blessé* de trois ou quatre balles, nous disait-il.

Ce diable de clairon se nomme Pujol. Il est Languedocien.

Des régiments, partis de Novare le matin à neuf heures, et appelés tout à coup sur le champ de bataille, ont franchi au pas gymnastique les deux lieues qui séparent Trecate de Boffalora, et sont tombés sur les Autrichiens sans reprendre haleine.

Parmi eux étaient les 85ᵉ, 86ᵉ, 52ᵉ et 23ᵉ de ligne, qui appartiennent, je crois, à la division Vinoy.

« Notre régiment est en congé de convalescence, » disait un sapeur le lendemain de la bataille.

Tandis qu'on regardait tout ému ce spectacle de la guerre dans sa plus violente expression, on apprenait que la division Trochu, lancée en avant en reconnaissance, était aux prises avec l'ennemi. On avait retrouvé les Autrichiens à une petite lieue de Boffalora. On racontait le soir même qu'elle avait fait 2000 prisonniers.

Aussitôt qu'on avait dépassé le pont de San Martino pour s'engager sur la rampe qui monte vers les positions occupées la veille par les divisions Zobel et Lichtenstein, qui appartiennent aux 2ᵉ et 7ᵉ corps d'armée, on apercevait distinctement les traces du combat.

Toutes les victimes de ce choc meurtrier n'avaient pas encore été enterrées. On trouvait çà et là un grand nombre de cadavres couchés dans ces attitudes terribles que la mort donne à ceux qu'elle surprend : les uns étendus sur le dos, les bras en croix; d'autres accroupis le front dans l'herbe, les mains fermées et pleines de terre ; d'autres méconnaissables, broyés par un paquet de mitraille ou un boulet. Sur un talus, sept ou huit zouaves étaient renversés, entourés de cinquante Autrichiens; leurs baïonnettes étaient tordues. Il y avait au pied d'un buisson un officier roide mort, les mains jointes sur la poitrine, pareil à ces statues qu'on voit sur les tombeaux. Il avait un trou rouge au milieu du front.

Des grenadiers blessés se promenaient couverts de casaques blanches à collets verts ou bleus.

Il avait bien fallu remplacer leurs capotes mises en lambeaux.

Ce même encombrement et cette même transformation qu'on remarquait à San Martino, on les retrouvait à Boffalora; pas une maison, pas une salle des bâtiments de la station qu'on n'eût empruntées pour la garde des prisonniers ou le service médical. Trois mille deux cents Autrichiens attendaient encore le moment où ils pourraient être évacués sur Novare. On en ramenait par escouades, ramassés dans les environs. Un certain nombre portait le chapeau à cornes, en toile cirée, où brille le cor de chasse en cuivre des chasseurs tyroliens; d'autres avaient les longues moustaches fauves des Hongrois. Tous avaient une attitude fière et tranquille.

Un mot, à ce propos, au sujet des soldats qui mettaient un genou en terre et jetaient leurs fusils à l'aspect des zouaves. Ceux-ci sont des enfants, des Lombards, arrachés à leurs foyers pour combattre sous des drapeaux détestés. Les Allemands, Moraves, Bohêmes Tyroliens ou Slavons, les véritables soldats de la couronne d'Autriche, font bravement leur devoir; ils savent affronter résolûment la mort. Demandez plutôt à ceux qui les ont rencontrés sur le chemin de Boffalora. Il ne convient pas d'humilier une armée qui s'est mesurée avec la garde, avec les vieilles bandes d'Afrique.

Sur la route, je vous l'ai dit, on rencontrait beaucoup de prisonniers; on reconnaissait au langage ceux qui étaient Italiens; si on leur avait offert la liberté, ils n'en auraient pas profité. D'autres marchaient silencieux, couverts de longues capotes d'un gris sombre tombant jusqu'au jarret. Leurs jambes, souples et nerveuses, étaient serrées dans le pantalon collant bleu de ciel.

Un journaliste de nos amis qui sait l'allemand les interrogea; ils étaient tous Hongrois.

« On ne nous aurait pas eus si nous ne l'avions pas voulu, disaient-ils, nous avons cessé de nous battre, parce que nous haïssons les Autrichiens autant que les détestent les Français eux-mêmes.... Ne croyez donc pas qu'on nous ait pris.... Nous avons fait la guerre en 1848 ! »

Il était impossible de surprendre la moindre trace de forfanterie dans ce langage. C'était dit simplement, avec l'accent de la vérité.

Laissez-moi vous dire à quelle loi obéit un convoi de prisonniers en marche.

Un peloton de soldats conduit la bande, un peloton la ferme; çà et là sur les flancs suivent d'autres soldats, un à un, de distance en distance; tous ont le fusil chargé. Un officier, capitaine ou lieutenant, suivant l'importance du convoi, a le commandement de l'escorte. Si un prisonnier tente de s'évader, on le tue sur place, sans sommation; on le tue encore s'il refuse d'avancer, le cas d'épuisement excepté.

Si une troupe ennemie rencontre le convoi et fait mine d'attaquer, les prisonniers ont ordre de se coucher par terre. Si l'un d'eux essaye de rejoindre ses camarades, on lui casse la tête. Le feu commence aussi à la moindre apparence de rébellion.

On conçoit à présent qu'une poignée d'hommes puisse conduire un très-grand nombre de prisonniers. Le convoi que j'ai rencontré et qui n'en comptait pas moins de 1250, avait pour escorte 60 soldats tout au plus.

Novare, 6 juin au soir.

A leur arrivée à Novare, où une foule immense les attendait, et c'était d'ailleurs un dimanche, les Lombards qui étaient en tête de la colonne ont agité leurs casquettes joyeusement. Ils regardaient aux fenêtres et criaient : *E viva l'Italia! E viva la Francia!*

Les Hongrois ne disaient rien. Les Allemands étaient mornes.

L'arrivée de ces vaincus dans les villes où la veille encore ils étaient maîtres, a quelque chose de navrant qui fait voir la guerre sous un de ses aspects les plus horribles.

Le propriétaire se souvient des chevaux qu'il a dû livrer pour obéir aux réquisitions du conquérant, le fermier de ses bœufs, le rentier, le marchand, l'industriel, de l'argent qu'il a fallu verser à la municipalité; tous ont été lésés dans leurs intérêts, froissés dans leur amour-propre national et leur orgueil de citoyens libres, les ouvriers se rappellent les corvées auxquelles ils ont été assujettis, et mille passions, excitées par la rancune et la haine, font explosion sur le passage des prisonniers. Alors on entend des cris qui révoltent, des injures et des menaces qui indignent, et oubliant à quelles épreuves les citadins ont été soumis, on s'étonne que des hommes puissent accueillir par des huées les malheureux qui passent désarmés devant eux.

Ce même spectacle on l'a vu à Novare comme à Verceil, et je ne sais rien de plus affligeant. Un officier de l'escorte, saisi d'un mouvement d'indignation à l'aspect de ces vengeances honteuses, a tiré l'épée et poussant son cheval vers le groupe d'où partaient les cris les plus bruyants, il a imposé silence à tout le monde.

On l'a compris, et la foule s'est apaisée comme la mer quand tombe le vent.

Un vieux couvent privé de ses hôtes a reçu trois mille cinq cents prisonniers. On m'a permis de parcourir les galeries et le préau où cette multitude assise et couchée se reposait d'une longue marche.

Le spectacle que présentait alors ce grand cloître entouré de longues arcades avait quelque chose d'étrange. Il n'y avait pas beaucoup de place pour tous ces vaincus, ceux-là dormaient étendus par terre, harassés par de cruelles fatigues, d'autres dévoraient un morceau de pain à la hâte. Beaucoup fumaient ces longues pipes à fourneau de porcelaine chères aux Allemands. La plupart tout couverts de poussière cherchaient un coin à l'ombre, s'y jetaient et restaient silencieux. Les officiers réunis ensemble, et la ceinture jaune au flanc, se reposaient dans une pièce voisine où il y avait une table et des bancs.

Il y avait là des Slavons, des Tyroliens, des Croates, des Hongrois, des Bohêmes, des Lombards, mais les Italiens, à l'écart, séparés des Allemands par une sorte de convention tacite. Quelques-uns de ces hommes étaient vêtus à la mode des paysans ; c'étaient des déserteurs. Les officiers autrichiens mâchaient leurs moustaches en les regardant.

Pour veiller sur ces bandes d'hommes où des germes d'irritation commençaient à se faire sentir, il y avait en tout quatre soldats de la ligne.

Là encore j'ai pu admirer dans son humble éclat tout ce que peut la vertu militaire.

L'un d'eux, qui semblait fatigué d'aller et de venir l'arme au bras pour maintenir l'ordre, fit demander par un employé civil que le poste voisin songeât à les relever.

« Il est grand temps ! disait le soldat, je suis ici depuis ce matin neuf heures, il en est quatre, et je n'ai pas pris la soupe. »

Une sentinelle était à la porte extérieure du couvent ; c'était un jeune homme à la figure douce, un peu pâle, avec un sourire bon et mélancolique. Il écouta le rapport de l'employé.

« Je suis ici depuis hier huit heures du soir, dit-il, et je n'ai pas encore mangé. Est-ce que je me plains? dites au camarade qu'il attende ; si on ne le relève pas, c'est que le poste est occupé. »

Et il reprit sa marche lente et mesurée devant la porte.

Où n'irait-on pas avec des hommes qui ont, à un si haut degré, le sentiment du devoir!

On s'attendait hier à une affaire sérieuse pour aujourd'hui. On croyait que l'armée autrichienne se réunissait en avant de Milan, où peut-être on ne parviendrait pas sans une seconde et plus grande bataille; mais les corps du maréchal Canrobert, du maréchal Baraguey-d'Hilliers et des généraux Niel et Mac-Mahon rendent le résultat de cette journée certain, si elle a lieu.

Il n'est point de mots pour exprimer l'élan et la constance de nos soldats ; ils ont fait preuve dans le combat des plus hautes vertus militaires, la ténacité après l'impétuosité.

Les Autrichiens savent habilement dissimuler leur nombre en profitant des accidents du terrain : bouquets de bois, champs de blé, haies vives couronnant un fossé. C'est ainsi que les grenadiers de la garde, qui croyaient d'abord n'avoir affaire qu'à une avant-garde, se sont vus tout à coup en face de batteries démasquées et de forces supérieures. C'est alors aussi qu'on les a vus redoubler de courage et d'efforts. Le général Mellinet a été héroïque. Il a ramené cinq fois ses soldats à la charge et a emporté les ouvrages derrière lesquels l'ennemi s'était retranché.

Mais il était temps que le corps du maréchal Canrobert arrivât. La 1re division de la garde, décimée, assaillie par le gros des Autrichiens, ne pouvait pas lutter plus longtemps dans le village qu'elle avait conquis.

Au plus fort de la mêlée et dans un retour offensif énergique, les Autrichiens avaient réussi à s'emparer de cinq pièces d'artillerie ; on en a repris trois à la pointe de la baïonnette. Deux ont été enlevées avec l'officier qui commandait la section et les servants des pièces.

Pendant toute la bataille, l'Empereur s'est tenu à proximité de Boffalora sur une maison voisine du pont, dont on avait ouvert les combles à coups de hache. Il avait auprès de lui le maréchal Vaillant et dirigeait de cette élévation les mouvements de l'armée.

Maintenant, une fois encore, n'acceptez les renseignements que ma correspondance vous apporte que sous toute réserve. On a beau être au cœur des événements, on sait si peu ce qui se passe que souvent des officiers supérieurs, des généraux même, demandent des nouvelles à des personnes qui ne portent aucune épaulette.

P. S. Au moment de fermer ma lettre, on nous apprend que le corps d'armée du maréchal Baraguey-d'Hilliers a dépassé Magenta. Il n'est plus qu'à trois lieues de Milan.

3 ou 4000 prisonniers sont arrivés ce matin à Novare et seront dirigés sur la France.

Une bataille en avant de Milan est toujours possible.

Dernière nouvelle! Milan s'est soulevé; les Autrichiens ont abandonné la ville et le Château; le général Mac-Mahon y est entré à la tête de son corps d'armée.

Milan, le 7 juin.

Figurez-vous quelque chose qui n'a de nom dans aucune langue, un délire pour lequel le dictionnaire ne fournit pas de mot; multipliez l'ivresse par l'enthousiasme, ajoutez la frénésie à l'exaltation, cherchez ce que la joie la plus folle peut produire d'épanouissement et d'exubérance dans la manifestation des sentiments les plus vifs et les plus chauds, et vous aurez à peu près une idée du spectacle que présente Milan aujourd'hui.

Ce n'est plus une ville, c'est un volcan; ce n'est plus du bonheur, c'est une explosion.

Toutes les rues pavoisées de drapeaux flottant à chaque fenêtre; à chaque balcon des tentures : le satin, le drap d'or, la moire mêlant leurs reflets et leurs chatoiements; partout des femmes parées à ravir battant des mains, agitant leurs mouchoirs, lançant des fleurs et qui, lasses d'applaudir et de sourire, jettent des baisers par centaines du bout de leurs doigts ; partout la foule inondant les rues et se pressant autour des bataillons, et surtout cet enivrement qui déborde, un soleil de feu qui remplit la ville de lumière ; c'était à donner le vertige.

Quand le corps d'armée du général Mac-Mahon a fait son entrée dans la ville, encore tout couvert de la poudre héroïque de Magenta, son général marchant en tête, un tonnerre de cris a ébranlé la cité lombarde.

On aurait dit que la ville étouffée retrouvait la respiration.

Quelques heures avant cette fête que j'ai vue une fois, peut-être pour ne la revoir jamais, j'avais traversé le champ de bataille de Magenta.

Ah ! cette fois j'ai vu la guerre dans ce qu'elle a de plus effrayant, et la victoire dans ce qu'elle a de plus superbe. J'admire l'héroïsme de nos soldats mêlé à ce que la pitié a de plus tendre et de plus touchant, et je ne sais quelle profonde impression de tristesse m'en est restée.

On s'incline devant tant de courage et d'abnégation ; on est heureux d'être le frère de pareils hommes, et malgré soi on pleure.

Je ne suis pas un historiographe pour vous raconter, au point de vue de la vérité stratégique, cette grande journée du 4 juin, qui marquera largement dans nos fastes militaires. Cependant je ne peux pas laisser incomplet le récit que je vous en ai fait. Le combat si glorieux de Boffalora n'a été que l'un des côtés de cette victoire que la bataille de Magenta a décidée ; vous me permettrez donc de revenir un peu en arrière afin de rendre toutes choses plus claires.

L'armée du comte Giulay occupait une position dont la force avait été augmentée par des travaux de campagne qui en rendaient l'accès presque impossible. La longue crête qui coupe la chaussée de Boffalora au sommet de cette rampe dont je vous ai parlé dans ma dernière lettre, est défendue par un canal large et profond — le Naviglio Grande — qu'on franchit sur des ponts étroits. Vous savez en outre que du Tessin jusqu'à la hauteur où le comte Giulay avait assis ses batteries, le remblai du chemin de fer longe la route à une portée de fusil sur la droite, et forme comme un rempart artificiel dont les feux plongeants balayent le terrain sur lequel il fallait nécessairement passer pour atteindre le village de Boffalora.

A droite et à gauche de la chaussée, ce sont des prairies inondées, des bouquets de bois, des cours d'eau, des fossés. Tout se réunissait donc pour rendre cette position inexpugnable.

La rencontre du chemin de fer et des hauteurs qui sont formées par les berges de l'ancien lit du fleuve, dessine un angle profond dont les escarpements sont couverts de taillis.

C'est contre cet angle que les colonnes d'attaques ont été lancées.

Le général Cler conduisait le 3ᵉ régiment de grenadiers et les zouaves. Repoussés six fois et six fois ramenés, ces braves soldats décimés par un feu terrible, sont enfin parvenus à couronner les hauteurs derrière lesquelles s'ouvre le grand canal. Le 1ᵉʳ et le 2ᵉ de grenadiers combattaient sur la route et sur la gauche, dirigés par le général Wimpffen.

A trois heures, le général Giulay se croyait sûr de la victoire, et écrivait à Vérone que l'armée française n'avait pas pu forcer le passage.

Il avait alors presque raison, seulement il se pressait trop, comme autrefois son prédécesseur le général Mélas.

Et à ce point de vue, la bataille de Magenta a été une autre bataille de Marengo dont le général Mac-Mahon a été le Desaix, mais un Desaix heureux en même temps que vainqueur.

A ce moment décisif où la fortune des armes allait donner la victoire au plus résolu, vers quatre heures, la droite de l'armée autrichienne s'appuyait contre une immense ferme crénelée, Cascina Nuova, dont les abords sont protégés par des vergers et des fossés; le centre se retranchait à Magenta, dont l'église, le clocher, la gare et les maisons étaient autant de forteresses. La gauche était à Boffalora.

La ligne du canal, en avant de Boffalora, n'avait pas encore été forcée lorsque le général Mac-Mahon, qui venait de recevoir l'ordre d'emporter Magenta, coûte que coûte, parut sur le terrain avec les divisions Espinasse et La Motte rouge.

Il arrivait de Turbigo, au pas de course, après avoir traversé le Tessin sur un pont de bateaux dont la construction n'avait pas été inquiétée par les Autrichiens. Le général aborda résolûment la droite de l'ennemi, et la véritable bataille commença.

Les régiments autrichiens qui défendaient la ferme se battirent avec une extrême vigueur; mais, chassés enfin de leurs positions, ils furent repoussés à la baïonnette jusqu'à Magenta, où une résistance nouvelle et plus formidable attendait nos soldats.

La gauche extrême du corps du général Mac-Mahon, qui prenait en flanc la ligne d'opération de l'armée autrichienne, était occupée par le 2ᵉ régiment étranger, qui perdit là son colonel et plusieurs officiers, et par les turcos dont les compagnies, qui couraient au feu en poussant des hurrahs, étaient comme fauchées par la mitraille.

L'élan de nos soldats dut s'arrêter devant un fossé de proportions gigantesques, formé par les déblais du chemin de fer, derrière lequel les forces ennemies s'étaient massées, se faisant un abri du village. C'est là que le général Espinasse trouva la mort, ainsi que son aide de camp.

Le général Mac-Mahon, que rien ne pouvait faire hésiter et qui s'exposait comme un soldat, se lança en avant, et nos bataillons poussèrent au plus épais des baïonnettes ennemies comme une hache dans le cœur d'un chêne.

Il pouvait être alors six heures du soir; les divisions Espinasse et La Motte rouge, se battaient depuis deux heures contre des forces supérieures, protégées par un village dont toutes les maisons étaient barricadées. La lutte indécise se prolongeait avec une énergie égale de part et d'autre, on ne perdait pas de terrain, mais on n'en gagnait guère, et la victoire était encore incertaine lorsque la division des voltigeurs de la garde, conduite par le général Camou et mise aux ordres du général Mac-Mahon, entra en ligne, marchant au pas de charge, tous les tambours des quatre régiments et les clairons du bataillon des chasseurs de la garde battant et sonnant à la fois.

Le combat ne fut plus qu'un assaut. Les soldats autrichiens, rendons-leur cette justice, se défendirent avec acharnement: il fallut emporter la gare d'abord et les bâtiments qui en dépendent, les maisons, l'église, le clocher. A neuf heures, la résistance expira: vainqueurs et vaincus campèrent côte à côte, également épuisés par cette longue lutte; mais les

Autrichiens en dehors des lignes qu'ils avaient occupées la veille. Il y a dans l'armée autrichienne des compagnies dont il ne reste plus qu'un homme ou deux, des régiments réduits à un peloton. Combien de bataillons qui n'ont plus d'officiers!

Tandis que le général Mac-Mahon arrivait à Magenta, le maréchal Canrobert et le général Niel avec deux divisions accouraient au secours des grenadiers de la garde. Cette vaillante troupe qui ne cessait pas de combattre depuis cinq ou six heures, décimée par le feu, et que les retours offensifs de l'ennemi ne pouvaient entamer, se masse à la voix de ses chefs et s'élance en avant. Rien ne résiste à l'énergie de cet assaut ; les hauteurs voisines et le chemin de fer sont franchis, et les Autrichiens poursuivis la baïonnette dans les reins. Le Naviglio Grande est atteint, et le passage du pont forcé, et le soldat chargé de le faire sauter tué sur la mèche.

Les Français sont à Boffalora. Mais là, comme à Magenta, les bâtiments de la station, la douane qu'on reconnaît à ses arcades, une grande auberge qui lui fait face, et d'autres maisons, servirent de retranchements aux Autrichiens.

Il fallut les en débusquer par la force jusqu'au dernier.

A neuf heures, nos soldats bivouaquaient sur le champ de bataille, maîtres de toutes les positions ; il n'y avait plus devant eux que des morts.

Trois pièces de canon, deux drapeaux et 7000 prisonniers étaient aux mains des Français.

Vous savez sans doute que le général Mac-Mahon a été nommé maréchal de France et duc de Magenta, aux applaudissements de toute l'armée.

Le général Regnaud de Saint-Jean-d'Angély a également reçu le bâton de maréchal.

S'il faut en croire des renseignements qui paraissent officiels, l'armée du comte Giulay se composait de quatre corps, ceux du prince Schwartzenberg, du comte Clam-Gallas, de Lichtenstein, et de Zobel, mais non pas au complet. Quelques régiments étaient arrivés la veille seulement de Prague.

La division du général Urban, rejetée au nord a failli être enveloppée. On a appris aujourd'hui que l'adversaire de Garibaldi a réussi à s'échapper.

Pour se faire une juste idée de cette grande victoire, il faut avoir parcouru le champ de bataille; j'ai visité celui de Boffalora le 5, celui de Magenta aujourd'hui même. Vous savez quels obstacles présentait aux grenadiers de la garde le terrain sur lequel ils avaient à combattre. Le terrain de Magenta est tout coupé de vergers, de haies vives, de ruisseaux qui enchevêtrent leurs barrières, et de longues rangées de vignes dont les ceps et les rameaux liés entre eux ne cèdent que lorsqu'on les brise. Chaque pas demande un effort, chaque élan rencontre un obstacle. Le village couvre la plaine de ses feux en arrière ; une ferme pareille à un bastion la protége en avant.

C'est là qu'il a fallu vaincre.

Je n'avais jamais vu de champ de bataille ; je ne souhaite plus d'en voir aucun.

Les tableaux disposent avec art ce spectacle des luttes où le sang coule à flots ; ils groupent les combattants, ils mettent le mouvement et la vie dans ces fêtes de la mort ; ils animent les visages ; on ne voit plus que les efforts suprêmes du courage, on ne s'intéresse plus qu'à l'héroïsme. Mais un champ de bataille où le silence est maître et que la solitude remplit.... ah ! c'est affreux !

La chaussée qui part du Tessin et que le magnifique pont de Boffalora relie au Piémont, tout encombrée par un convoi d'artillerie et d'approvisionnements, m'a contraint de prendre par un chemin de traverse qui coupe dans toute son étendue le champ de bataille de Magenta.

On voyait sur le sol les sillons tracés par les boulets, les arbres cassés en deux, les blés couchés par terre, les clôtures en pièces ; aucun bruit ne sortait des fermes. Au milieu des champs, sur les routes, dans les prés, des sacs et des shakos, des képis et des gibernes par centaines, des capotes déchirées, des vestes en lambeaux, mille débris informes, et puis çà et là des monticules dont la surface bombée appelle le regard ; le pied les rencontre à toute minute ; la terre est encore humide ; elle a par place une couleur que l'on n'oublie pas aussitôt qu'on l'a vue ; les jambes d'un cheval sortent d'un fossé mal comblé ; des lambeaux d'étoffes épaissies et roides pendent aux vignes. Puis, au milieu de cette solitude, des paysans errent à pas lents, cherchant quelques dépouilles qu'ils enfoncent précipitamment dans des sacs.

On n'avait pas eu le temps d'enterrer tous les morts. Il y en avait par douzaines encore sur un plateau derrière une haie. Tous avaient l'habit blanc et le pantalon bleu; tous, excepté ceux qui n'avaient plus rien. Quelles attitudes et quels visages ! Congestionnés par la mort, tous ces cadavres avaient des faces de nègres. Quelques-uns, les lèvres retirées par une dernière crispation, semblaient rire et montraient leurs dents blanches.

L'un d'eux n'avait plus qu'un caleçon ; étendu tout au long, en travers d'un sentier, il portait la marque d'un coup de baïonnette au milieu de sa poitrine verte. Des tourbillons de mouches volaient sur ce champ de carnage qu'elles remplissaient de bourdonnements, et dont les épouvantables émanations ne pouvaient être chassées par le vent.

Le croirait-on? deux femmes cueillaient des feuilles de mûriers dans ce champ empesté.

Auprès de la douane de Boffalora, un entassement énorme de sacs, de gibernes et de vêtements, où l'on reconnaissait le turban et le tarbouche des zouaves, la veste à collet vert des Tyroliens, le bonnet à poil des grenadiers, les capotes bleues, les casaques blanches, les pantalons rouges, était mis au pillage, et par qui? grand Dieu!

On vendait ces dépouilles aux enchères! Une tunique de drap blanc à collet orange ou bleu, 16 sous : il est vrai qu'il y a un trou dans l'étoffe, avec une large tache brune sur le côté. Ce pantalon rouge à larges plis, 12 sous.... C'est peu ; mais que faire ! Un biscaïen l'a déchiré ! Cette casaque presque neuve, 14 sous ; voyez cette échancrure faite par la baïonnette. Les paysans emportaient tout. Ceux qui n'avaient pas de monnaie puisaient dans le tas. Des femmes, pareilles à des harpies, rôdaient de salle en salle, étendant leurs mains crochues parmi tous ces débris, et jetant pêle-mêle dans de grands sacs de toile, — des sacs dont elles avaient vidé le blé, — des lambeaux de drap, des souliers, qu'elles se disputaient, des guêtres, des cols et des gilets déchirés, ces grandes ceintures vertes que nous connaissons, des bonnets de police, des vestes à broderies jaunes, des pans de tuniques, mille choses informes et sanglantes.

Hélas ! elles n'étaient pas les seules à poursuivre cette œuvre effroyable, et leurs mains promptes au pillage heurtaient d'autres mains!

Tous les sacs militaires étaient ouverts, et la modeste fortune du soldat jetée au vent ! Que de lettres éparpillées sur le sol ! Il y en avait une datée de Montereau, qui commençait par ces mots : *Mon cher enfant...*, et une ligne plus loin : *J'espère que tu te portes bien....* Je n'ai pas eu le courage d'aller plus loin.

Une autre qui n'était pas encore fermée portait la date du 3. Elle était adressée par un soldat à sa sœur, une pauvre fille de Ségré. Je n'ai rien lu de plus tendre que cette lettre où l'orthographe ne se voyait pas. Il y avait à la première page une ligne ainsi conçue : *Dis à mon pauvre père de ne pas s'inquiéter, et toi, ma petite, ne pleure plus..., cet hiver je vous ferai l'histoire de l'Italie.*

Dans ces sacs si misérablement éventrés, où quelquefois il n'y avait qu'un mouchoir, le paquet des lettres de la famille était toujours entier et ficelé. Le pied des pillards avait bien vite dispersé aux quatre vents ces feuilles de papier si pleines de souvenirs, d'espérance et de tendresse.

Une seule m'a presque fait sourire ; elle commençait par ces mots: *Tu me demandes trop d'argent..., cela sent la....* Hélas ! l'enfant prodigue ne demandera plus rien.

Entrons dans les bâtiments de la douane. Couché sur la paille semée de tessons de verre, un mulet se débat et meurt dans le cabinet où l'on examinait les passe-ports. Il n'y a plus rien entre les cloisons que des débris où le bois se mêle à la ferraille. Tous les meubles sont en poudre, les fenêtres en pièces; on marche sur des morceaux de glaces et de vitres. Des blessés sont dans tous les coins, assis ou couchés. Des fiévreux grelottent sous un auvent. Dans une cour, des armes par centaines sont amoncelées contre la muraille ; combien de baïonnettes tordues ! combien qui sont comme rouillées et encore toutes gluantes de sang ! Des prisonniers avalent un morceau de pain à la hâte. Les quatre façades de la douane et de l'auberge sont criblées de balles. Elles me rappellent les maisons du faubourg du Temple après les journées de juin. Une seule vitre par hasard est intacte. L'enseigne de l'auberge est comme une cible. On s'est battu partout.

Mais ce spectacle déjà si terrible, qu'était-il auprès de celui que présentaient la station et le bourg de Magenta!

Là, chaque maison avait ses blessés. Les bâtiments de la gare en étaient littéralement encombrés. Il fallait prendre garde en marchant de n'en pas fouler aux pieds quelqu'un. Plus de rampes aux escaliers, plus de portes, rien que des murs tout nus. Dans le coin d'un bureau, la caisse de l'administration forcée extérieurement, mais défendue à l'intérieur par une seconde armature en fer qu'on n'avait pas pu briser. Toutes les feuilles des registres éparses et s'envolant de tous côtés.

Jamais on ne vit, même dans les arsenaux, un pareil entassement de fusils. Ils étaient par milliers étendus à terre ; un peloton de voltigeurs déchargeait ceux qu'on rapportait. A toute minute de nouveaux prisonniers se présentaient par petites bandes ou individuellement. On ne fouillait pas une cave qu'on n'en découvrît quelques-uns. Une centaine venaient d'être arrêtés dans la maison du curé. Des lanciers, des chasseurs, qui battent le pays, en ramènent d'autres par escouades. Presque tous sont affamés. Le bruit court que les maisons du village en sont remplies. La moindre recherche confirme ce bruit. J'en vois sortir deux d'une petite cave pratiquée sous un escalier de la gare, un Bohème et un Rouman. Il y a quatre jours qu'ils n'ont mangé ; ils tremblent d'épuisement et de frayeur ; ils tendent les mains en suppliant et croient qu'on va les fusiller. Des soldats leur portent du vin et du pain ; ils se jettent dessus.

Un espion arrêté passe les mains garrottées. Il est petit et hideux, les cheveux en brosse et tout déguenillé. C'est un idiot ou un singe, quelque chose comme Quasimodo.

On annonce qu'un officier supérieur vient d'être fait prisonnier. Une voiture entre en effet dans la cour d'un bâtiment voisin de la station. Il a un chapeau tout galonné d'or, sa poitrine est chamarrée de croix ; il a une longue moustache grise ; un coup de feu l'a blessé à la main droite. C'est un colonel nommé la veille major général; un capitaine, un lieutenant tout jeune et un sous-lieutenant l'accompagnent. Le capitaine, qu'on a pris sur un toit, où, la bataille finie, il attendait depuis deux jours l'occasion de rejoindre ses compagnons d'armes, est resté seul debout de toute sa compagnie. La mort qu'il a cherchée n'a pas voulu de lui. Le général français auprès duquel on l'a amené, ainsi que les deux autres officiers, leur a laissé leurs sabres. On ne désarme pas des gens de guerre qui ont si bravement fait leur devoir.

Nous parcourons le village, où tout est désordre et confusion. J'entre dans une maison : un soldat blessé attend qu'on l'emporte, deux de ses camarades sont couchés morts auprès de lui. L'un d'eux, frappé d'un coup de baïonnette, a déchiré sa chemise pour panser la plaie; il tient encore le linge entre ses doigts roidis.

Ces découvertes de soldats cachés dans les granges et les caves, où ils endurent la soif et la faim, peuvent s'expliquer par la terreur qu'on a réussi à leur inspirer. Est-ce la crainte de cruelles représailles?

Un convoi traîné par deux locomotives arrive de Milan pour ramener des blessés. C'est le troisième depuis le matin. Un spectacle pitoyable commence alors. On vide une première salle.

Mais que vous dirai-je de nos soldats? Ces lions sont devenus des Sœurs de charité. Ils vidaient leurs bidons entre les lèvres des vaincus, ils les soulageaient de leur mieux; ils partageaient leur pain avec ceux qui semblaient le moins malades; ils portaient les autres entre leurs bras, et que d'honnêtes paroles, que d'encouragements prodigués dans une langue que ces victimes de la guerre ne comprenaient pas! Combien n'ai-je pas vu de voltigeurs qui versaient le contenu de leur blague à tabac dans la main d'un blessé.... leur blague à tabac, tout leur trésor!

Non, on ne sait pas ce qu'il y a de bonté dans le cœur de ces hommes!

Les wagons venant à manquer, on jeta de la paille sur les trucs, et bientôt un pavillon de verdure courba ses rameaux sur ce lit de misère. Ne fallait-il pas mettre les malheureux blessés à l'abri des rayons brûlants du soleil?

Tandis que des voltigeurs coupent les branches et les assujettissent sur les trucs, d'autres apportent des seaux d'eau dans lesquels ils ont jeté de l'eau-de-vie et du sucre. Ils en distribuent par tasses à ces blessés, qu'une soif inextinguible dévore, ou trempent des compresses dans de l'eau fraîche et les étendent sur une plaie saignante, qui brûle encore malgré le pansement. Rien ne les fatigue; ils sont pour les Autrichiens ce qu'ils sont pour leurs camarades. Là-bas le pillage, ici l'abnégation. La guerre renferme tout.

Cependant les salles se désemplissent lentement. Un jeune capitaine d'état-major dont je suis bien heureux d'avoir fait la connaissance, M. Fordeux, veillait à tout avec un zèle, un soin, une activité qui allaient au-devant des difficultés de ce service difficile. Quand il s'est approché du colonel autrichien qu'on amenait prisonnier, il m'a semblé voir un capitaine des gardes-françaises saluant les Anglais à Fontenoy et leur disant : « Messieurs, tirez les premiers. »

Les officiers français ont prié les officiers autrichiens de partager leur déjeuner. Quel menu ! un morceau de viande froide et du pain.

La table était servie au premier dans une salle ouverte à tous les vents ; on avait pu se procurer quelques bancs. Les nôtres ont partagé leurs cigares avec les prisonniers fraternellement. Le major, la main pansée, fumait près de la fenêtre. Il raconte qu'il appartient au corps de Clam-Gulas. Il était arrivé à Magenta le jour même de la bataille, après une marche de quatorze heures ; sa division avait quitté Prague depuis peu de jours et ne s'était pas arrêtée à Vérone.

Tandis qu'on se hâtait d'apaiser sa faim au premier étage, au rez-de-chaussée, les chirurgiens allaient et venaient, le tablier blanc à la ceinture. Les brancards passaient sans relâche des wagons aux ambulances. Ah! que de cris arrachés par la douleur! que de gémissements étouffés quand il fallait soulever ces membres brisés, ces corps meurtris!... Tout le sang se fige dans les veines à ce souvenir. On laissait là ceux qui n'avaient plus qu'à mourir; on emportait dans une couverture tenue par les quatre bouts ceux qui ne respiraient plus, et quatre hommes de corvée avaient bien vite creusé un trou dans le grand fossé qui longe le chemin de fer devant la gare. Que de croix de bois plantées dans ce fossé tout semé de monticules!

Bientôt après un silence morne remplissait les salles où tout à l'heure tant de corps gisaient dans les angoisses de la fièvre et de la souffrance. On les visite une dernière fois, foulant aux pieds les détritus de paille qui en jonchent le sol. Quelques malheureux y restent seuls, étendus à l'écart, attendant que la mort les délivre. Qu'elle est lente à venir quelquefois! et qu'on en voit se débattre longtemps dans les derniers frissons de l'agonie!

On venait de placer un capitaine sur un brancard. Tout à coup on s'arrêta; l'agonie l'avait saisi. Je verrai longtemps ces moustaches blondes et ces yeux à demi clos d'où l'étincelle se retirait! Un prêtre s'avança et lui donna l'absolution. Toutes les têtes se découvrirent à la fois; un silence profond se fit; l'homme de Dieu approcha l'hostie des lèvres du moribond, qui remuèrent faiblement. Un soldat Morave qui n'avait pas voulu abandonner le pauvre blessé se mit à genoux, enleva une bague des doigts de son maître, les joignit ensemble sur sa poitrine, et le capitaine rendit l'âme dans l'attitude de la prière.

L'obligeance de l'officier d'état-major dont je vous ai parlé me permit de trouver place dans le long convoi qui portait tant de blessés, et c'est ainsi que je suis arrivé à Milan.

Ah ! un mot sur le pont gigantesque de Boffalora, avant que je ne l'oublie. Il n'est ni sain, ni sauf, ni détruit. Les Autrichiens ont tenté de faire sauter les deux arches qui s'attachent à la rive lombarde. Ils n'ont réussi qu'à jeter dans le Tessin d'énormes blocs de pierres, tous les parapets et une partie du tablier, mais les clefs de voûte ont résisté. Les arches se sont affaissées comme l'échine robuste d'un géant qui porterait un poids trop lourd, mais n'ont pas cédé sous l'effort de la poudre. Si l'on y passe mal, on passe encore sur le pont de Boffalora.

8 juin.

Que vous dirai-je encore de Milan et de ce glorieux Dôme, qui est comme une colossale guipure de marbre? La ville a la fièvre. Il ne faisait pas jour, que cette rumeur sourde qui annonce le réveil des foules remplissait déjà les rues. Elle n'a pas cessé, elle augmente d'heure en heure. Les maisons disparaissent sous l'éclat et l'agitation des tentures, soulevées par un vent léger. Des milliers d'ombrelles couronnent les balcons. La multitude ondule comme une mer sur le Corso. L'air est ébranlé par les vivats et les applaudissements. Le délire est en permanence.

Toute compagnie qui passe, la baïonnette au bout du fusil, tout escadron qui se fait voir, sabre en main, est prétexte à l'enthousiasme. Quelle joie et que de cris à l'aspect des officiers! Les hommes sont fous; mais de quels mots se servir pour peindre l'exaltation des femmes! Leurs yeux sont tout remplis de flammes; elles embrasseraient le monde!

Un détail, qui a son côté comique. Savez-vous quels sont les officiers qui obtiennent le plus de succès et pour qui toutes les mains battent avec transports? Les intendants et les chirurgiens.

Cela s'explique, parce qu'ils n'ont pas d'épaulettes; or, comme les officiers de l'armée piémontaise de grade inférieur en portent seuls et que les généraux n'ont que des broderies d'or ou d'argent au collet, on prend les chirurgiens et les intendants pour les chefs de l'armée.

Tout à l'heure un écuyer de l'Empereur a eu sous mes fenêtres un succès fou. Il devait avoir le bras fatigué à force de saluer. Et il saluait si consciencieusement!

Il est neuf heures. L'Empereur et le roi; — non, le roi et l'Empereur, comme dit la proclamation, — viennent d'entrer à Milan par la porte Valteline. Je renonce à vous parler des transports de cette foule en délire.

A partir de ce moment, tout ce que Milan renferme de citoyens valides est sur le Corso, attendant le roi et l'Empereur qui, après une courte station à la Villa, doivent se rendre au Dôme pour remercier le Dieu des armées. On ne circule plus. Des gardes nationaux improvisés, — on les reconnaît à leurs fusils,—maintiennent l'ordre. On voit de petits grenadiers et de petits zouaves, tout petits, tout petits, qui crient *vival* d'une voix grêle. Ce sont de jeunes Milanais habillés en héros par des mères trop exaltées.

Au commencement, on faisait deux haies dans la rue, deux haies compactes; mais le soleil mordant l'un des côtés du Corso, la haie atteinte a fait irruption chez sa voisine. Le cortége passera dans la lumière.

Un tumulte s'élève d'une rue voisine. Trois ou quatre gardes nationaux, un peu fiers de leur importance nouvelle, conduisent au poste voisin un espion arrêté je ne sais où. La foule crie et hue. Les gamins exagèrent l'indignation de la foule. Cet espion est un vieillard à longs cheveux gris. Il a l'air bête et bon.

Est-il ou n'est-il pas ce qu'on dit? Qui le sait?

Je vous dois des renseignements sur le soulèvement de la ville. Milan n'a pas commis cette imprudence inutile. Les Autrichiens ont abandonné la capitale en bon ordre. Ils ont évacué le Château pendant la nuit, un peu précipitamment, mais sans être inquiétés. Ils ont même oublié quelques traînards et le chirurgien en chef qui sont prisonniers de guerre.

Les Autrichiens partis, on a ébauché quelques barricades, peut-être pour ne pas laisser tomber en désuétude cette vieille coutume. Mais rassurez-vous.

On a fait pour 20 francs de dégâts. On a même eu grand soin de ne pas dégrader le pavé des rues où la circulation est la plus active. Les révolutionnaires n'ont entamé que les ruelles, et leurs barricades les plus ambitieuses n'ont pas six pouces de haut.

Je vous ai dit que les maisons et les palais sont tendus du haut en bas; je puis ajouter que les hommes, comme les femmes, sont pavoisés aux trois couleurs italiennes. Les enfants aussi portent sur leurs casquettes le témoignage éclatant de leur foi politique. La ville a dû être mise au pillage pour trouver cette effroyable quantité de fleurs, de plumes et de rubans verts, rouges et blancs.

Ce que les Milanais craignent le plus après les Autrichiens, c'est le soleil; ils le fuient avec acharnement, et malheureusement le Corso en est presque inondé. On s'entasse du côté où l'ombre trace encore une mince lisière.

Une nouvelle inattendue délivre les curieux. L'Empereur pas plus que le roi n'iront au Dôme. Le *Te Deum* est ajourné. La multitude s'ébranle et va à la promenade. Il est écrit qu'on ne fera rien aujourd'hui.

P. S. L'Empereur part, dit-on, pour Lodi. L'armée autrichienne se retire vers le quadrilatère.

Milan, le 9 juin.

Une petite pluie a commencé hier vers six heures, qui s'est transformée progressivement en un orage abominable. On aurait pu croire, selon l'expression de Gogol, que toutes les cuvettes du ciel étaient renversées sur le pavé de Milan par un jeune ange enclin aux espiègleries.

La foule a tenu bon dans le Corso pendant une bonne heure, pareille à une vaillante troupe qui supporte sans broncher le feu de l'ennemi. Mais il n'est pas de constance et de bravoure qui tiennent contre une averse; il a fallu quitter le champ de bataille. La retraite s'est opérée en bon ordre.

On s'était proposé d'illuminer, et la ville, qui avait encore quelques heures de promenade à dépenser, s'en faisait une fête ; malheureusement on avait compté sans le ciel.

A défaut de lampions on a eu des éclairs.

Quand je dis *lampions*, c'est une façon de parler vicieuse où la force de l'habitude m'a entraîné. Il n'y en a pas dans Milan, ou du moins je n'en ai pas vu. Ce n'est pas le gaz non plus qui est chargé d'exprimer ici l'enthousiasme des populations, non vraiment. Le gaz et le lampion, c'est-à-dire le progrès et la tradition, sont remplacés par le cierge, non pas la bougie mais le cierge, le véritable grand cierge d'église qui pèse sept ou huit livres.

On le plante bravement dans des bras fichés tout exprès contre les murs, et voilà mon cierge qui flambe.

Cela m'a fait comprendre que le cierge pouvait avoir le caractère gai : cela dépend des latitudes.

Ai-je besoin d'ajouter que l'illumination est restée à l'état de projet? Le paradis, comme l'enfer, est tout rempli de bonnes intentions.

Si maintenant vous me demandez pourquoi il n'y a pas eu hier de *Te Deum*, je vous répondrai bien franchement que je n'en sais rien. Les proclamations le promettaient sur beau papier bien imprimé. La foule l'attendait avec une impatience que le spectacle des cavaliers allant et venant ne pouvait pas calmer. On ne voyait que des têtes jusqu'aux mansardes. Le Corso avait l'aspect des boulevards un jour de manifestation publique. De temps à autre, et comme pour se distraire elle-même, la musique de la garde nationale, — il n'y a qu'elle qui soit habillée, — jouait des fanfares et des airs d'opéra. La multitude applaudissait. On avait gagné une demi-heure; puis c'était à recommencer ; quelquefois un intendant passait : les vivat partaient en fusées. Mais on se lasse de tout, même des broderies, et vers quatre heures il fallut bien que la foule se dispersât un peu.

Les belles tentures rouges à larges crépines d'or qui ornaient les portails du Dôme ont été plus tenaces. Suspendues à leurs clous officiels dès la veille, elles y étaient encore hier au soir.

Le bruit s'est répandu dans la journée et s'est confirmé dans la soirée que l'on était aux prises avec les Autrichiens du côté de Melegnano, en avant de Lodi.

Nous ne saurons ici la vérité sur ce nouveau fait d'armes que lorsque le *Moniteur* aura parlé, c'est-à-dire un peu plus tard que vous.

Ce matin il ne paraît presque plus rien de l'enthousiasme d'hier. La population est retournée à ses affaires, on a rouvert les boutiques, deshabillé les petits zouaves, enlevé les tentures, supprimé quelques drapeaux, et les chirurgiens peuvent circuler en paix sans redouter aucune ovation. Le feu d'artifice est tiré.

La fièvre n'a jamais été un état régulier pour personne, pas plus pour une ville que pour un homme.

Si l'armée française qui a triomphé à Magenta a été reçue avec une joie bruyante, il faut dire cependant, pour être sincère jusqu'au bout, que les transports les plus vifs ont été pour l'armée piémontaise. Au point de vue de l'enthousiasme, mais de l'enthousiasme seulement, un bersaglieri valait trois zouaves. L'élan des femmes a failli désarçonner bien des chevau-légers de Novare.

Eh! quoi de plus naturel! La langue est la même, mêmes destinées attendent Turin et Milan, question de capitale réservée, et là où l'avenir se fond, il faut que les cœurs et les mains s'étreignent.

Je dois avouer néanmoins que le succès des turcos a été tel que rien n'a pu le dépasser. Les plus noirs ont été les plus fêtés. On en voyait rôdant partout en cabriolet qu'ils ne payaient guère et fumant de longs cigares qu'ils n'achetaient pas. L'exaltation publique pourvoyait aux frais. Un turco avait régulièrement cinq ou six amis en permanence autour de lui; il en changeait souvent, mais il en avait toujours le même nombre. L'ami du matin était pour le déjeuner, l'ami du soir pour le café.

Ce matin, les turcos sont partis; leurs amis sont restés.

Il y a une plaie d'Égypte à Milan, c'est le système monétaire auquel je crois volontiers que le ministre des finances de l'empire d'Autriche ne comprend rien lui-même. Ce problème métallique se complique en ce moment de l'invasion d'une quantité phénoménale de vieilles pièces piémontaises qui jettent des ténèbres au milieu de cette obscurité. Plaignons les pauvres louis qui sortent de la poche des voyageurs. Le change les a bientôt dévorés.

Je connais certains swantzig qui sont de vilaines pièces fort originales; elles valent quatre-vingts centimes quand on les donne et cent quand on les reçoit. Voilà des pièces qui étaient nées pour faire le commerce !

On les accompagne ordinairement de petits morceaux de métal qui n'ont ni face, ni revers, ni titre. Leur valeur est une affaire de fantaisie. On en bourre les poches des étrangers, et on leur fait croire que cela vaut quelque chose.

Les numismates supposent que ce sont de vieux petits ronds de fer-blanc.

Voilà que le bruit recommence. On vient de crier et d'applaudir. Je mets le nez à la fenêtre : c'est un chirurgien qui passe. On remet les tentures et les drapeaux que la pluie a un peu mouillés; la population débouche de toutes les rues. Il faut savoir ce que c'est.

J'ai été aux informations, et l'on m'a appris que le *Te Deum* devait être chanté aujourd'hui, dans une heure.

Voilà certainement pourquoi il ne l'a pas été hier. Mais je ne m'y fie plus, et j'attends pour y croire.

Quelqu'un qui paraît fort au courant des affaires du pays me raconte que l'armée autrichienne, en quittant la ville, a oublié d'emporter une somme de cinq cent mille francs, qui était dans la caisse militaire, à la citadelle. Si cette somme était représentée en petits ronds de fer-blanc, la perte n'est pas grande; mais s'il y avait là de véritables florins en bon argent, c'est bien imprudent de la part d'une armée qui a si peu de monnaie.

Une personne tout à fait bien informée assure que les cinq cent mille francs dont on a parlé n'en comptent en réalité que deux cent mille.

C'est déjà moins extraordinaire.

Survint une troisième personne tout à fait digne de foi qui affirme que la somme entière ne représentait guère que quatre-vingt mille francs.

Voilà qui devient plus vraisemblable.

Décidément le *Te Deum* est une vérité. La foule se fait de plus en plus compacte, les applaudissements redoublent d'énergie, l'accès de fièvre a repris.

Vers dix heures, la division des voltigeurs de la garde et le bataillon des chasseurs entrent dans le Corso, le général Camou en tête. Les cris éclatent, les couronnes, les bouquets effeuillés pleuvent sur les soldats qui forment la haie. J'avais vu ces beaux régiments à leur départ de Paris; ils sont un peu diminués. Les fusils ont des panaches de fleurs.

Une heure après, les tambours battent aux champs et le cortége paraît. L'Empereur est à la droite, ayant auprès de lui le roi Victor-Emmanuel. Un état-major tout étincelant de broderies les suit. Tous les mouchoirs volent en l'air. Les ramiers du Dôme, effrayés, tournoient dans le ciel à tire-d'aile.

Une population innombrable s'enfonce sous les voûtes profondes de la cathédrale. Les cloches sonnent à toute volée.

J'ai quitté le *Te Deum* pour courir à Melegnano. C'est là que le canon a retenti hier dans la soirée.

Ce n'est pas, comme on le croyait, le vainqueur de Magenta qui a eu les honneurs de ce combat; c'est le maréchal Baraguey-d'Hilliers.

La route qui sort de Milan par *la porta Romana* court entre deux canaux profonds. La plaine est en contre-bas, toute coupée de haies et de ruisseaux, entre lesquels une armée ne peut se déployer.

Le pays est plat, mais le regard ne va pas à longue distance; un rideau d'arbres ferme l'horizon à tout instant.

La chaussée, après avoir traversé San Giuliano, rencontre le bourg de Melegnano qu'elle coupe en deux. Un cimetière, entouré de murs, est sur la gauche, dans la campagne, au bord du canal.

Cet arbre brisé par un boulet vous indique que la

lutte a commencé là, à une portée de fusil du village.

Le cimetière avait été transformé en forteresse. Le long des deux murs qui regardent la plaine et la route, les Autrichiens avaient assujetti tous les bancs d'une église et d'une auberge voisine. Le profane et le sacré à la guerre, c'est même chose. Debout sur les bancs comme des curieux qui assistent à une fête ou comme des enfants qui dérobent des abricots, ils tiraient à coup sûr. La moitié du bataillon chargeait les fusils, l'autre faisait feu. Nos tirailleurs tombaient sans voir personne.

Il fallait enlever la position au pas de course.

Le 1er zouaves fut choisi pour l'attaque.

« Un crâne coup de collier! » me disait un sergent dont la joue avait été effleurée par une balle.

Le 1er zouaves partit la baïonnette en avant, et le village fut enlevé.

Il sortit bien peu d'hommes du cimetière. Je viens de le parcourir ; une brèche est dans un coin, par laquelle un petit nombre de fuyards seulement a pu s'échapper.

Des paysans creusaient deux immenses fosses. Les morts étaient dans l'un des angles du cimetière, entassés par nations : d'abord les Autrichiens, puis les zouaves, les soldats de la ligne et les chasseurs, tous frappés à la tête.

Deux chariots tout pleins attendaient à la porte.

Derrière une chapelle, des soldats faisaient la sieste, couchés dans l'herbe.

Sur la droite, en avant du bourg, dans un champ voisin d'un bivouac ou le 33ᵉ de ligne fait bouillir ses marmites, cent prisonniers autrichiens attendent qu'on les dirige sur Milan. Un jeune lieutenant, auquel un Alsacien sert d'interprète, nous apprend que le général Rodein, qui commandait sa brigade, a été tué. Il appartient, avec sa compagnie qui a mis bas les armes, au régiment *prince de Saxe*.

Le bataillon avec lequel il marchait a été contraint de se rendre pendant la nuit. Envoyé en reconnaissance vers Melegnano, il dépassa nos grand'gardes sans être inquiété, bien qu'il eût été reconnu; mais la sentinelle, sûre qu'il n'y avait là que quelques centaines d'hommes, se glissa, sans être aperçue, vers le bivouac du régiment, et prévint le colonel. On prit les armes sans bruit et les Autrichiens se trouvèrent cernés.

Tout près du champ dans lequel les prisonniers sont enfermés, à l'angle d'une haie qui ombrage un ruisseau, il y a eu une rencontre à la baïonnette. Quel entassement de morts! que de cadavres amoncelés pêle-mêle, les pantalons rouges au milieu des pantalons bleus! On dirait que personne n'a reculé.

Entrons dans le village. La lutte s'est poursuivie de rue en rue, de maison en maison. Chaque porte était barricadée. Les traces des balles sont partout.

Cependant une jeune fille se peigne et lisse ses cheveux derrière une fenêtre sans vitres : elle a le temps de sourire.

Le long des rues, au pied des bornes, sur le seuil des portes, dans les fossés, derrière les meules, au coin des haies, dans la fange des ruisseaux, partout des cadavres en pantalons bleus, sacs au dos. Les sacs sont vides.

Voici la place du village où la lutte a été le plus acharnée. Sur l'un des côtés est un vieux grand château en briques où on arrive par une chaussée entre deux fossés profonds, tout pleins d'herbe ; en équerre, sur la droite, on voit des maisons entre lesquelles s'ouvre une voûte. C'est là que le colonel Paulze d'Ivoy a été frappé de deux balles ; il est tombé raide mort ; ses soldats l'ont bien vengé.

Dans une rue voisine est une église toute dorée à l'intérieur, triste et pauvre à l'extérieur avec des statues de saints à la porte. C'est à présent une ambulance. Les plus maltraités par la bataille sont là sur un peu de paille. Il ne sort pas un soupir de cette obscurité. Près du porche, où veille une sentinelle, on remplit une charrette.

Cette fois les Autrichiens ont fait une attaque à la baïonnette. Ils ont été reçus comme des écoliers.

J'ai cherché ces amis que les hasards d'une rencontre vous donnent.

A Verceil, un soir, à table d'hôte, à l'hôtel des

Trois-Rois, un groupe d'officiers était venu s'associer ; ils appartenaient tous au 1er zouaves. Jeunes, gais, désireux de batailles, ils se plaignaient de n'avoir pas encore rencontré l'ennemi. Leurs camarades du 3e avaient eu cette bonne fortune et ils les jalousaient. La connaissance se fait vite en temps de guerre. On but à la santé des zouaves et on promit de se revoir à Milan.

Il y avait là neuf braves jeunes gens.

J'en ai retrouvé quatre étendus morts dans l'une des salles du château. Deux autres étaient gravement blessés. Ah! quels frissons vous prennent quand on retrouve pâles et glacés tous ces beaux jeunes gens qu'on avait vus si pleins de vie !

Auprès d'eux, en tête de cette rangée funèbre, était le colonel Paulze d'Ivoy.... Dans un coin de la salle des soldats mornes et silencieux taillaient et clouaient des cercueils pour leurs chefs. Les vivants se dépouillaient de leurs chemises blanches et de leurs chaussettes neuves pour habiller les morts.

Je suis sorti de cette salle le cœur brisé. Mais si terribles que soient les scènes auxquelles on assiste, d'autres non moins lugubres vous attendent à mesure qu'on avance dans ces promenades.

Un petit ruisseau, un ruisseau pareil à ceux dont tant de romances chantent les murmures, est tout semé de soldats atteints par la balle ou la baïonnette. L'eau coule par-dessus les morts, et, grossie par la pluie, tombe en cascatelles. On s'éloigne avec horreur, et d'autres morts vous attendent parmi les prés.

A sept heures, la pluie, qui hier fouettait le Corso, inondait aussi Melegnano. A huit heures, c'était une averse. Le combat durait toujours. A neuf heures, il a cessé. Les dernières maisons venaient d'être conquises. Alors les canons de la division Forey, venant en aide aux divisions Bazaine et Ladmirault victorieuses, ont lancé des paquets de mitrailles au milieu des colonnes autrichiennes qui se retiraient vers Lodi.

Aux morts qui jonchaient la route et la campagne en arrière du village, on a pu juger que ces décharges avaient porté.

A Melegnano comme à Magenta, les Autrichiens ont tenu solidement; mais à Melegnano comme à Magenta, leur résistance a été broyée comme l'est une branche de chêne frappée par un marteau.

Je suis revenu de ce champ de bataille le cœur gonflé d'admiration et rempli d'amertume. Les soldats du 33e, du 86e, du 37e, du 10e bataillon de chasseurs à pied, bien d'autres encore dont je voudrais me souvenir, me racontaient leurs efforts, leurs luttes, leur triomphe et leurs pertes. Ceux qui veillaient dans le cimetière l'arme au pied, près de leurs frères déjà froids, avaient quelque chose de grave et de recueilli dans le visage. Les divisions

Bazaine et Lamirault ont payé la dîme du sang. Aujourd'hui appartient au regret; demain les soldats ne penseront qu'à la victoire.

L'armée est en marche pour le grand quadrilatère où l'Autriche se replie et veut s'arrêter; les canons de gros calibre ont quitté Gênes; les travaux et les opérations de siége vont commencer.... Là doit finir la mission qui m'était confiée.

Le sort de Sébastopol peut faire prévoir celui de Mantoue et de Vérone.

Tout le long de la route, en courant vers Melegnano, je rencontrai des voitures, des chariots, des véhicules de toute espèce envoyés par les Milanais pour recueillir nos blessés.

A mi-chemin le hasard m'a fait entrer dans une ferme que j'avais prise pour une auberge et où j'allais chercher un verre d'eau. Le maître était à dîner avec ses serviteurs. Il se leva et m'offrit l'hospitalité. J'étais en pleine églogue. La table était chargée de mets et de fruits. De beaux jeunes gens et de belles jeunes filles mangeaient d'un air content. La santé resplendissait sur leurs visages frais et bruns. Cent bœufs et trois cents vaches ruminaient dans les étables; les charrues, les herses, les jougs, les colliers rangés en ordre remplissaient de vastes hangars. Des tribus errantes de poules et de pigeons picoraient dans les cours. L'abondance était partout, l'abondance avec la paix. Le maître avait l'air simple et bon avec quelque chose de calme dans la physionomie; les serviteurs robustes semblaient heureux de leur sort. La guerre passait à côté de la ferme sans l'effleurer.

Le fermier était mécontent de ses vers à soie.

De retour à Milan, j'ai trouvé une proclamation affichée au coin de la rue. Toutes sortes de gens curieux la lisaient.

Il y a toujours un petit côté comique dans les choses les plus sérieuses et les plus tristes de ce monde.

La commission des barricades parlait à ses concitoyens!

Du moment que les barricades à fleur de terre que j'ai vues ont assez d'importance pour mériter les honneurs d'une commission, je m'incline devant leur majesté.

Une commission! qui l'eût cru?

Des proclamations et des décrets signés par le roi, contre-signés par M. de Cavour, annoncent que Victor-Emmanuel a pris possession de la Lombardie. Le Rubicon est passé.

Ce soir, une manifestation a été organisée en faveur du nouveau souverain.

Ah! les cierges ont bien pris leur revanche!

Toute la ville est illuminée, et des flots de population éclairés par des bandes armées de flambeaux longent le Corso et se dirigent vers le palais.

Je croyais hier encore savoir à peu près ce que

sont les cris d'une foule. Eh bien! non! je ne le sais que de ce soir.

Un torrent d'hommes passe poussant mille clameurs. C'est une cohue dont mille étincelles pourpres indiquent la marche. Des multitudes, puis encore d'autres multitudes!

L'enthousiasme a donc des poitrines de fer à son service?

Hier, roi du Piémont, Victor-Emmanuel s'endormira ce soir roi de Lombardie.

Milan, le 10 juin.

J'ai terminé ma lettre hier au moment où une manifestation provoquée par une affiche remplissait le Corso de flammes et de cris. Il était onze heures du soir à peu près. J'ai voulu me mêler à ce tumulte, qui avait le palais du roi pour objectif, comme on dit en style militaire.

La vérité m'oblige à confesser que les jeunes patriotes qui promenaient par les rues leurs chansons et leurs flambeaux de résine avaient pour la plupart douze ou quatorze ans, un peu plus, un peu moins. Cependant quelques-uns, les chefs d'escouade, effleuraient la majorité.

Mais vous savez le vers :

>.... Chez les âmes bien nées
> La valeur n'attend pas....

Ces messieurs chantaient encore après minuit.

Quand ils s'arrêtaient sous les fenêtres du roi, leurs acclamations devenaient pareilles à des coups de canon. Ils y mettaient l'ardeur charmante de leur âge. Victor-Emmanuel a dû se présenter plusieurs fois à son balcon, et la manifestation s'est couchée bien tard.

On n'est pas toujours roi pour son plaisir.

Demain à son réveil, la ville sera quelque peu enrouée.

Un rayon de soleil la guérira et elle recommencera.

M. de Cavour, arrivé la veille ou le matin, était présent à cette explosion de l'enthousiasme milanais. Les Autrichiens sont à Lodi et il est à Milan, où les décrets qu'il contre-signe ont force de loi.

Garibaldi est arrivé lui aussi, dit-on, mais incognito, amené par un convoi express de Côme. Il a voulu conférer avec le roi sur les nouvelles opérations qu'il va entreprendre. Vous savez qu'il est à Bergame. Ah Dieu! si les Milanaises avaient pu se douter de sa présence, si surtout il s'était montré en public, quelle manifestation! mes oreilles en frémissent!

Mais la véritable manifestation, celle qui vraiment a eu un caractère touchant et noble, celle par laquelle la population a fait voir de quel esprit elle est animée, a eu lieu à quatre heures, au moment de la promenade quotidienne dans le Corso.

La *passagiata* a été remplacée par un pèlerinage à Melegnano. Toute l'aristocratie a envoyé ses équipages de luxe sur le champ de bataille pour recueillir les blessés, en même temps que la municipalité faisait des réquisitions de charrettes et de voitures pour le même objet.

Une longue file de calèches et de landaus armoriés sortait de la *porta Romana*, conduite par des cochers en livrée. J'ai vu des dames de Milan sauter sur la route, prendre les blessés par les bras, les aider à s'asseoir sur les coussins et monter bravement sur le siége à côté du cocher, s'il n'y avait plus de place pour elles dans l'intérieur.

L'action était touchante : elles y apportaient un élan et une simplicité qui en augmentaient le prix.

Il est peu de palais et de grandes maisons à Milan qui n'aient donné la plus aimable et la plus empressée hospitalité à nos blessés. On a tenu à honneur de les soigner en frères, et ceux qui revenaient du champ de bataille ont pu croire que leurs familles étaient accourues au-devant d'eux.

On n'entend pas le bruit du canon aujourd'hui, bien qu'il ne faille pas se fier à ce silence. C'est une question de vent peut-être, qui souffle du côté de l'ouest. Profitons de cette heure de répit pour nous promener un peu.

L'aspect des murailles, où s'étalent vingt affiches, rappelle vaguement les fameuses murailles de Paris en 1848. Que d'avis! et par ci par-là quelques proclamations et autant de décrets. La foule s'arrête tout alentour et fait encombrement au coin des rues. On lit parfois l'affiche à haute voix pour l'instruction des curieux trop éloignés. La chose faite, on applaudit, d'autres curieux accourent, et on passe.

Çà et là on a installé des corps de garde pour la garde civique. Des citoyens, armés de fusils, se promènent devant la porte, fumant des cigares avec frénésie. Le cigare témoigne qu'on est libre. Vous savez que, pendant la domination autrichienne, il était établi que personne n'allumerait une feuille de tabac, ce qui contrariait vivement la régie de l'empire, et, partant, le ministère des finances. Aujourd'hui le patriotisme exige le contraire.

Les gardes nationaux sont encore en simples *pékins*.... passez-moi le mot. Cependant j'ai vu un certain nombre de casques. On m'a dit que le casque était le képi des Milanais; je ne le garantis pas.

Pendant quelque temps, on trouvera plus de gardes nationaux qu'on n'en voudra; c'est après qu'il faudra voir. On a connu tant de beaux zèles qui se refroidissaient!

Derrière la vitrine des librairies, une petite pancarte porte en beaux caractères la nouvelle appétissante que là on vend les livres prohibés par la défunte domination autrichienne. Ces pauvres livres

ont l'air tout heureux de respirer en liberté. On les
compte par douzaines, et les passants étonnés s'arrêtent pour en lire les titres inconnus.

Étaient-ils dans les caves ou à la frontière seulement? Je ne sais.

Voilà dans ce magasin de modes une série de
gravures extraites d'un *Petit Courrier des Dames* italien. Elles ont leur originalité.

Ne cherchez pas dans cette série, qui porte en
tête ces mots bien connus : *Modes de* 1859, des jupes bouffantes ou des manches pagodes : la recherche serait vaine ; mais en revanche vous trouverez
des fusils, des sabres, des pistolets, de beaux messieurs serrés à la taille par des ceinturons de cuir,
chaussés de bottes molles et coiffés de chapeaux que
Fra Diavolo ne renierait pas ; et près d'eux, de belles
dames habillées comme on se représente Diana
Vernon ou Edmée de Mauprat. Rien n'y manque, ni
l'écharpe aux trois couleurs, ni les gants à la Crispin,
ni le feutre empanaché. Ces beaux messieurs et
leurs belles dames sont fort jolis.

Je dois dire que parmi les Milanais et les Milanaises que j'ai rencontrés, aucun n'avait encore
adopté ce costume.

S'il m'était permis, en passant, de glisser une timide observation, je dirais qu'en Italie on me
semble abuser un peu du panache. On en met partout. Les révolutions surtout en font une effroyable

consommation. Quand il n'y a pas de panache ondoyant, il y a un plumet ambitieux, et si l'on manque par aventure de plumets et de panaches, voilà les rubans qui s'envolent.

On m'objectera que chaque peuple a son caractère, et qu'en Italie on est fort bruyant. Le panache est le cri du chapeau.

La ville avait repris ce matin sa physionomie de tous les jours. Il est cinq heures du soir, et je n'ai pas encore entendu un seul vivat. De grandes voitures chargées de blocs de glace et couvertes de nattes erraient par les rues de bonne heure. Des cafetiers ambulants préparaient leurs sabotières dont des soldats de Paris goûtaient la primeur. Des femmes de la campagne apportaient dans des paniers des amas de cerises comme jamais n'en vit le carreau des halles. On en fait de petites montagnes rouges dans toutes les boutiques des fruitiers. Les zouaves en mangent des collines le matin, après le café.

Des crieurs publics, — quel que soit leur accent primitif, les crieurs publics ont une voix qui se ressemble dans tous les pays, — appellent l'attention des passants sur les productions nouvelles de la littérature populaire. Les colères et les rancunes ont eu beau jeu, et la verve milanaise s'est épanchée en vers et en prose. J'attrape au vol un carré de papier sur lequel je lis ce bel en-tête imprimé en têtes de clou : *Testament del cont Giulay scrit à Vercelli et lassaa à Milan.* La chose est en vers.

Je ne reproche à cette poésie écrite en patois lombard que d'être un peu trop longuette.

Chemin faisant, on traverse la *piazza di Tribunale*, qui est bien certainement la plus charmante de Milan. Il y a côte à côte deux palais : l'un de la Renaissance, avec des figures d'empereur d'Allemagne en médaillons; l'autre plus vieux, avec un étage en ogives sur un rez-de-chaussée à plein cintre porté par des colonnes trapues, qui font que le touriste oublie un instant la guerre et s'arrête tout à coup. L'un de ces palais, rehaussé de figures en ronde bosse et de cariatides, est sottement coiffé d'un étage moderne qui le déshonore; l'autre étale à son fronton l'écu où s'enroule la guivre des Sforze.

Cette rapide excursion dans le domaine des beaux-arts ne me sera pas un prétexte pour vous parler du Dôme et du fameux tableau de Raphaël : *le Mariage de la Vierge;* Dieu m'en préserve ! Deux chefs-d'œuvre. Les livres, les copies, les gravures, les guides et les récits ne laissent plus à l'admiration de personne un seul adjectif dont on n'ait abusé mille fois. Donc, de ce côté-là, ne craignez rien. Mais qu'il me soit permis de traverser avec vous les salles où sont exposés les premiers prix de l'école de Milan depuis un demi-siècle.

Se peut-il qu'on ait trouvé des couronnes pour des toiles si bizarres? Il y a là des guerriers grecs et romains, des vestales, des chevaliers, des princesses et des brigands qui seraient bien tristes s'ils n'étaient si amusants.

C'est bien plus gai qu'un vaudeville!

En sortant de la Brera, où sont exposés ces merveilles, j'ai rendu visite au Château, qui fut si longtemps la terreur de Milan.

J'imagine que le château de sir Réginald Front de Bœuf était construit sur ce modèle. Peint sur châssis, il serait d'un effet convenable dans un mélodrame moyen âge, à la Gaieté. Ce bon château a quatre bonnes grosses tours rondes aux quatre coins, et au milieu d'un corps de bâtiments intérieurs une cinquième tour, le donjon probablement. Cette dernière tour est carrée, et porte un cadran sur l'une des faces.

Les vastes préaux intérieurs sont entourés de bâtiments fort laids, où logeait la garnison autrichienne, et que présentement habitent les deux divisions d'infanterie de la garde.

Une statue d'archevêque ou de saint, dans le goût du xviiie siècle, décore la première cour. Son attitude semble indiquer l'étonnement qu'éprouve le saint homme de se trouver au milieu de tant de grenadiers.

Il y avait sur la porte principale un grand aigle

impérial à deux têtes. On n'en voit plus que le bout des ailes noires; un coup de pinceau a effacé le reste.

La barrière, aux couleurs de l'empire, jaune et noire, — or et sable en style héraldique, — règne encore au pied du Château. Le badigeon n'en a pas encore fait disparaître les bandes alternées, et ça m'étonne.

Le comte Giulay a fait élever devant la grande entrée du Château un ouvrage en terre avec glacis et fossé, qu'on pouvait armer de trois pièces d'artillerie. C'était une précaution inutile contre des gens qui n'avaient pas de fusils pour se battre.

La couleur historique voudrait qu'on n'attaquât ce monument d'un autre âge qu'avec des catapultes et des béliers; et cependant on voit tout au sommet d'une tour ronde un pauvre canon qui sort par un créneau sa gueule solitaire.

Si ce canon pouvait réfléchir un instant, jamais il ne comprendrait pourquoi on l'a fait monter si haut.

Tout à l'heure je vous parlais du Dôme. Une armée l'a visitée aujourd'hui. Grenadiers, bersaglieri, zouaves, pontonniers, chevau-légers, voltigeurs, la cavalerie, l'artillerie, l'infanterie, ont monté à l'assaut du clocher. Et il fallait voir comme il pleuvait! Le beau ciel de l'Italie n'économise pas les averses depuis un mois. Il ne pleut pas tant dans les pays où il pleut ! Jamais ascension ne fut plus mouillée. Tous les soldats regardaient du côté de l'horizon où est Lodi. La vue n'allait pas jusqu'à Melegnano, où il est écrit que les Français se battront toujours, les zouaves après François Ier. Il y a des noms qui portent bonheur.

Mais à propos d'ascensions, on a fait aujourd'hui une expérience, ou, pour mieux dire, un essai aérostatique qui n'a pas réussi. Un ballon qu'on destinait à je ne sais quel usage, et qu'on s'efforçait de gonfler, a cogné contre un arbre et fait explosion. M. Godard, qui surveillait l'entreprise, a eu les cheveux brûlés.

En sortant du clocher où j'avais été prendre ma part de pluie, j'ai fait emplette sous les portiques voisins d'une médaille suspendue à un ruban tricolore.

Cette médaille porte sur la face le profil du roi Victor-Emmanuel avec ces mots en exergue : *Vittorio Emanuelle II re italiano.*

Remarquez bien *re italiano* et non pas *re d'Italia.*

Sur le revers, on voit gravée cette inscription que je transcris : *Ai difensori della indipendenza italiana Cavour — Garibaldi*, 1859.

Il me semble que cette médaille, qu'on s'arrache, a dans sa petite circonférence une signification bien autrement éloquente que beaucoup d'affiches et de proclamations.

Un mot encore avant de terminer cette lettre, qui sera la dernière probablement de ma trop longue correspondance. Je ne connais pas assez la Lombardie et Milan pour asseoir une opinion ; mais si j'en crois ce qu'un grand nombre de personnes m'ont dit, il n'y a dans le pays, dans la ville surtout, qu'une aristocratie seulement et un peuple. Entre eux, rien. Et l'esprit de ces deux grandes divisions n'est pas le même ; un peu oligarchique en haut, un peu révolutionnaire en bas.

Au fond, l'esprit qui anime les libéraux italiens me paraît être toujours l'esprit municipal. Dans la Péninsule il y a des villes, il y a des hommes, il y a des soldats ; le caractère, le savoir, le courage, les meilleures et les plus hautes qualités, rien n'y manque.

Qu'à ces vertus individuelles, qui brillent d'un si vif éclat, les Italiens ajoutent les vertus civiques, la patience, l'abnégation, le dévouement à la cause nationale ; que la modération accompagne le triomphe, et, à ces conditions, il y aura un peuple.

Quand les armes victorieuses de la France et du Piémont auront affranchi le sol, l'indépendance et la grandeur de l'Italie seront à ce prix.

Depuis que ces quelques pages ont été écrites, des événements considérables se sont accomplis en Italie. La grande, la sanglante bataille de Solferino, en assurant la supériorité de nos armes, indique glorieusement quelle sera la fin de cette campagne, menée avec une résolution et une promptitude dont l'histoire offre peu d'exemples.

Quelques amis ont bien voulu me demander pourquoi je n'avais pas suivi jusqu'à Vérone cette rapide et brillante expédition ; et parmi les lecteurs du *Journal des Débats*, auquel cette correspondance était adressée, il s'en est trouvé qui ont paru regretter que je ne l'eusse pas continuée jusqu'à la paix, scellée par un dernier triomphe.

On me comprendra mieux si l'on prend la peine de lire ces dernières lignes.

Un jour, le 9 juin, en allant à Marignan, où la veille le sang de nos héroïques soldats avait coulé, je rencontrai sur la route un brancart porté par quatre zouaves. Des branches d'arbres ployées en berceau ombrageaient à demi le corps d'un officier; il était pâle, et on voyait çà et là des taches de sang sur le drap qui le couvrait. Des soldats accompagnaient le cortége silencieux, prêts à relayer leurs camarades. Je saluai l'officier, il souleva sa tête languissante et me rendit mon salut.

Un sergent, qui marchait près du vaillant blessé, m'apprit son nom.

C'était le commandant Rousseau.

Cette rencontre fut comme la goutte d'eau qui fait déborder le vase.

Une heure après, j'étais dans ce terrible village, tout semé de morts et de mourants, dans ce cimetière où tant de soldats français allaient être confiés à la terre, devant ce château où de braves officiers, couchés sur le carreau et qui la veille encore portaient si vaillamment l'épée, attendaient que des cercueils préparés à la hâte pussent recevoir leurs dépouilles mortelles.

Il y avait peu de jours encore que leurs mains loyales avaient serré la mienne !

Alors un frisson me prit, et un sentiment dont je souffrais dans la partie la plus intime de mon être fit explosion.

Qu'étais-je, là, dans ce champ de mort? Un curieux, un narrateur, presque un étranger ! L'heure du danger passée, informé par la rumeur publique qu'une bataille a été livrée, on accourt, et, sur la poussière encore humide, on trouve morts ceux-là qu'on avait connus. Les balles ne sifflent plus, le canon est muet, tout péril a disparu, et ceux qui sont debout, tout animés de la fièvre du combat, vous racontent simplement, assis au pied d'un arbre mutilé, sous l'ombre d'un mur crevassé par le fer et le plomb, les épisodes sinistres ou touchants de ce choc, dont les traces sanglantes sont partout.

Alors un regret amer, poignant, et que rien n'apaise, vous saisit; on éprouve comme un sentiment d'infériorité qui touche à l'humiliation, à la pensée qu'on parcourt d'un pied libre ces rues et ces champs labourés la veille par la mitraille, et que les témoins de ces fêtes vous entourent et vous regardent, et que c'était ainsi la veille, et que ce sera ainsi le lendemain! On voudrait qu'un hasard impossible vous fît l'hôte d'un régiment à l'heure où sonne la charge, et vous donnât le droit de prendre un fusil et de courir au feu en criant : Et moi aussi je sais me battre!

Mais l'occasion n'arrive jamais, et l'on reste le témoin inutile de ces batailles, où tant d'autres jouent leur vie; et cette pensée insupportable vous poursuit que la guerre, qui est une terrible réalité pour tant de milliers d'hommes, n'est plus qu'un spectacle pour un petit nombre de tristes privilégiés.

Le cœur se serre, et l'on ne pense plus qu'à s'éloigner au plus vite de ces champs d'épreuves où les périls sont pour tout le monde, excepté pour quelques-uns.

Voilà sous quel fardeau on part, et quelles impressions vous forcent de quitter l'armée, heureux encore, ou du moins soulagé, si dans ces lignes éphémères, écrites au courant de la plume, on retrouve la trace de la sympathie profonde et de l'admiration sans égale qu'on éprouve pour tant de braves gens, officiers et soldats, au milieu desquels on a eu la bonne fortune de vivre pendant un mois.

FIN.

PARIS. — IMPRIMERIE DE CH. LAHURE ET Cie
Rues de Fleurus, 9, et de l'Ouest, 21

www.ingramcontent.com/pod-product-compliance
Lightning Source LLC
Chambersburg PA
CBHW071341150426
43191CB00007B/806